MARSEILLE

ET

LES MARSEILLAIS

PAR

MÉRY

NOUVELLE ÉDITION

PARIS
CALMANN LÉVY, ÉDITEUR
ANCIENNE MAISON MICHEL LÉVY FRÈRES
3, RUE AUBER, 3
—
1884
Droits de reproduction et de traduction réservés.

ŒUVRES COMPLÈTES

DE

MÉRY

MARSEILLE ET LES MARSEILLAIS

CALMANN LÉVY, ÉDITEUR

ŒUVRES COMPLÈTES
DE
J. MÉRY

FORMAT GRAND IN-18

L'AME TRANSMISE	1 vol
UN AMOUR DANS L'AVENIR .	1 —
ANDRÉ CHÉNIER.	1 —
L'ASSASSINAT	1 —
LE BONNET VERT	1 —
LE CARNAVAL DE PARIS . .	1 —
LA CHASSE AU CHASTRE . .	1 —
LE CHATEAU DE LA FAVORITE	1 —
LE CHATEAU DES TROIS TOURS.	1 —
LE CHATEAU VERT. . . .	1 —
LA CIRCÉ DE PARIS . . .	1 —
LA COMTESSE ADRIENNE . .	1 —
LA COMTESSE HORTENSIA. .	1 —
UNE CONSPIRATION AU LOUVRE	1 —
LA COUR D'AMOUR. . . .	1 —
UN CRIME INCONNU . . .	1 —
LES DAMNÉS DE L'INDE . .	1 —
DEBORA	1 —
LE DERNIER FANTOME. . .	1 —
LES DEUX AMAZONES . . .	1 —
LA FAMILLE DHERBIER . .	1 —
LA FLORIDE.	1 —
LA GUERRE DU NIZAM. . .	1 —
HÉVA.	1 —
UNE HISTOIRE DE FAMILLE .	1 —
UN HOMME HEUREUX . . .	1 vol
LES JOURNÉES DE TITUS . .	1 —
LA JUIVE AU VATICAN . . .	1 —
UN MARIAGE DE PARIS . .	1 —
MARSEILLE ET LES MARSEILLAIS	1 —
MARTHE LA BLANCHISSEUSE.	1 —
MONSIEUR AUGUSTE . . .	1 —
LES MYSTÈRES D'UN CHATEAU	1 —
NOUVEAU THÉATRE DE SALON.	1 —
LES NUITS ANGLAISES. . .	1 —
LES NUITS ITALIENNES . .	1 —
LES NUITS ESPAGNOLES . .	1 —
LES NUITS D'ORIENT . . .	1 —
LE PARADIS TERRESTRE . .	1 —
POÉSIES INTIMES	1 —
RAPHAEL ET LA FORNARINA .	1 —
SALONS ET SOUTERRAINS DE PARIS.	1 —
THÉATRE DE SALON . . .	1 —
TRAFALGAR	1 —
LE TRANSPORTÉ	1 —
LES UNS ET LES AUTRES . .	1 —
URSULE	1 —
LA VIE FANTASTIQUE . . .	1 —

IMPRIMERIE CHAIX, 20, RUE BERGÈRE, PARIS. — 22008-3.

A

ALEXANDRE DUMAS

Hyères, mars 1844.

Nos deux lettres étaient sur le point de se croiser; vous me recommandiez un voyageur, mon cher Dumas, et je vous recommandais une ville.

Vous chercheriez inutilement le nom de ma vieille protégée, elle n'est mentionnée ni sur la carte de l'empereur Théodose, l'inventeur des cartes à voyager, ni sur l'*Atlas* portatif de Roger et Gérard.

Vous me permettrez de vous instruire sur ce

point, mon maître, et c'est ce que je vais faire à travers un labyrinthe de divagations que le mois de mars imprime au style épistolaire, lorsque le soleil fond la neige sur la montagne et dans le cerveau. En voyage d'ailleurs on doit écrire comme on marche, la ligne tortueuse est la seule qui conduise au but. Il n'y a pas douze kilomètres de chemin taillé en I, excepté le chemin qui passe à travers les marais Pontins. Et encore que prouve cela? —C'est que le pape Pie VI qui l'a fait faire avait peur de la fièvre ou était pressé d'arriver à Terracine.

Nous aimons, vous et moi, mon cher Dumas, deux sortes de villes. — Celles qui n'existent plus et celles qui existeront. Vous avez visité comme moi les deux modèles de ces cités adorables: Bouc et Taurentum.

Bouc a été fondé par Napoléon en 1809, et ne compte encore qu'un seul habitant et une salle de billard. Le port, les quais et la citadelle sont superbes et dignes de la population qui viendra.

Taurentum intéresse davantage; il est situé sur la rive méridionale du beau golfe de la Ciotat. On prend un canot, on traverse le golfe et on arrive à Taurentum. Il y a deux douaniers qui veillent à la contrebande du sel, en regardant la mer avec une attitude mélancolique. C'est le peuple actuel de Taurentum, cette puissante ville qui fut couverte de sel par ses destructeurs, selon un vieil usage antérieur à l'invention de la douane.

M. Marin, l'ennemi de Beaumarchais, a publié un livre sur les ruines de Taurentum; M. Marin a vu ces ruines, elles existaient donc évidemment sous le règne du mariage de Figaro. Aujourd'hui elles ont disparu, et en disparaissant elles ont rendu un véritable service aux voyageurs, qui, débarquant sur le rivage, étaient assaillis par la tempête d'une formidable controverse, engagée entre M. Marin et la statistique du département. Un préposé de M. Marin était domicilié dans une cuve d'un bain de Diane, et il attendait les voyageurs pour leur exposer les doctrines de son maître. Dès que M. Brémond, le représentant des théories de la statistique remarquait une certaine agitation sur le rivage de Taurentum, il partait en canot de la Ciotat et venait soutenir ses principes avec une voix de mistral. Les voyageurs étaient fort à plaindre en ces temps-là. Enfin la douane vint et des jours plus doux commencèrent pour Taurentum. Les douaniers firent d'abord condamner le fils de M. Marin et M. Brèmond, comme contrebandiers en sel, puis ces mélancoliques préposés, cherchant un remède à leurs ennuis administratifs, égratignèrent pierre à pierre les ruines des temples de Vénus, de Diane, de Neptune, pour faire des ricochets dans le golfe *quum placidum ventis staret mare*. M. Brèmond publia une satire pleine de sel attique contre les douaniers. Ce fut le dernier effort de la science en faveur de Taurentum. Une génération de douaniers épuisa les ruines en ricochets; toute l'antiquité y passa. On n'y trouva plus, pour la controverse, la moindre pierre d'achoppement. Le rivage reprit sa nudité rocailleuse des jours de la création.

Vous qui avez tout vu et si bien vu en Italie, mon cher Dumas, vous avez sans doute franchi le seuil d'un portail grisâtre qui s'ouvre pour deux *pauls* sur la voie Appia de l'autre côté des thermes d'Antonin. Il y a dans cette ferme une sibylle qui vous oblige à voir les tombeaux de tous les Scipions, à 55 centimes par Scipion. Le bon marché engage, on entre dans un souterrain humide avec une bougie jaune du jeudi saint ; la sibylle vous impose six stations devant six éboulements de terrain, et elle vous montre avec respect les places humides où furent autrefois les sépulcres de Publius et de Cnéius Scipion, de l'Africain, de Lucius, de Nasica et de l'Émilien. Cela coûte 3 francs 30 centimes, monnaie de France, et on s'enrhume ordinairement parce qu'il fait très-froid dans ces tombeaux invisibles des Scipions absents.

Notre Taurentum est aujourd'hui dans la catégorie de ce genre d'antiquités. On y montre l'absence complète de trois temples, de deux thermes, de deux promenoirs comme les aimait Martial, d'un cirque orné d'obélisques sur son épine, et d'un camp prétorien. Le visiteur ouvre de grands yeux et voit deux douaniers assis sur douze arpens de néant pétrifié.

Ainsi les ruines mêmes s'effacent partout dans le monde des vieux monuments. Nous avons soin toujours de mettre ces grandes dévastations sur le compte du temps rongeur, dont la *faulx est impitoyable*. Cela nous décharge de toute responsabilité. Le temps n'est pas si destructeur qu'on le dit, et, si l'homme n'entrait pas en collaboration avec lui dans son œuvre de ravage, beaucoup de saintes pierres seraient encore debout. En Provence surtout, on devrait renoncer à peindre le temps avec ces vieux attributs mythologiques. Ce dieu doit être représenté avec l'habit vert et le sabre du douanier.

Si nous enlevons pièce à pièce tous les hochets à notre pauvre monde si enfant, nous allons périr sous l'invasion de l'ennui, cet Attila moral de l'extrême civilisation.

Le Turc nous échappe, il y a des marchandes de modes de Paris sur le boulevard d'Athènes ; j'ai vu *Artim-bey* passer à Marseille avec un étroit pantalon à sous-pieds ; l'autre jour, le sultan de Stamboul, le commandeur des Croyants, m'a prié, dans une lettre française, de lui envoyer douze gilets de flanelle, semblables à ceux que j'avais expédiés à Alphonse Royer en 1841, et qui sont fort estimés au sérail. Toute poésie se meurt, le prosaïsme nous déborde, et pour accélérer sa marche on lui donne des chemins de fer.

Bien plus, on vient de faire un trou à la Chine.

Hier, j'ai frémi devant une adresse de lettre écrite par moi, comme le statuaire devant le marbre de son Jupiter. Le domaine du mystérieux va disparaître de la porcelaine et du paravent.

A Toulon, l'autre jour dans un cercle, le docteur Marbot m'a adressé avec un sang-froid désolant cette question inouïe.

— Avez-vous quelque commission à me donner pour la Chine? je m'en chargerai volontiers.

Je me suis mis courageusement au niveau de la situation, et j'ai répondu au docteur:

— Je vous prie de vouloir bien vous charger d'une lettre pour Pékin.

En rentrant chez moi, j'ai écrit une lettre et je l'ai cachetée avec le plus grand sérieux, comme je vais faire pour celle-ci qui, dans soixante-cinq heures, vous tombera dans votre Chaussée-d'Antin. — A mon réveil de lendemain, j'ai reculé d'effroi devant ma propre écriture. Concevez-vous l'effet d'une suscription de ce genre sur les imaginations nerveuses.

« A M. de Lagrené, ambassadeur à Pékin

(province de Pé-tché-li), » entre deux parenthèses, comme on écrirait (département du Cantal).

Dans cette lettre, je prie M. de Lagrené de vouloir bien se rappeler qu'à son passage à Marseille il m'honora d'une visite, à cause d'un petit roman chinois publié dans la *Presse*, et qu'il promit de m'envoyer, sur ma demande, un petit morceau du bois rouge qui décore la balustrade de *Tschinn-ta-quannmin* (la vraiment grande et éblouissante lumière), dans la salle impériale de réception à Pékin.

De prime abord, il semble que le monde pourra s'amuser longtemps avec ce grand joujou de la Chine, et que cette découverte nous consolera de tout ce que nous avons perdu en Orient, devenu occidental ou ennuyeux. C'est une erreur. Tant que la Chine était une succursale de la lune sur notre terre, elle était charmante comme une arabesque ou un rêve peint. Aujourd'hui, cette illusion de porcelaine est brisée. Avant cinq ans, la Chine sera pour nous ce que fut le Mexique après Fernand Cortez, un pays de brocanteurs universels, portant des chapeaux de feutre à longs poils et des topazes sur le jabot, fumant la cigarette et parlant Babel.

Nous avions Herculanum et Pompeï, deux jolis bijoux que le Vésuve avait eu soin de mettre sous cloche pour nous divertir après une guerre de vingt-cinq ans. Hélas! nous en avons abusé; l'Europe a brossé ces deux cadavres de villes; nous les connaissons mieux que Pline, qui les vit mourir. Nous les avons habitées sous Titus; nous avons dîné chez Diomède, rue des Tombeaux, n° 1; nous avons assisté à l'hyménée de Plotius, dans la grande rue du Forum, à la maison dite d'Actéon; nous nous sommes abrités du soleil sous l'*impluvium* de l'édile Pansa. Si tous ces grands propriétaires de Parthénope revenaient au monde, nous leur servirions de *cicerone* pour les conduire chez eux. Pompeï et Herculanum ont fait leur second temps; ils sont morts une dernière fois. Paix à leurs cendres! Ces deux spectres devaient se fondre au soleil.

Que reste-t-il donc au monde désœuvré, au monde rêveur, au monde vagabond, aux enfants, aux sages, aux fous?... J'ai vu le moment où il ne resterait rien.

J'étais arrivé à cette phase de mon désespoir, lorsqu'on vint m'annoncer qu'on venait de découvrir une ville en cherchant des champignons. — Une ville ? — Oui, une ville romaine. — Où ? — Là-bas, derrière cette montagne, au bord de la mer.

Mon ami Courdouan, de Toulon, ce grand artiste qui peint et connaît la mer comme s'il l'avait faite, me montra la ville ressuscitée dans une aquarelle qui est déposée au Louvre en ce moment, et s'offrit de m'accompagner vers la tombe devenue le berceau de cette nouvelle cité.

— Ah ! voilà une ville qui nous arrive à propos ! m'écriai-je, et si le printemps voulait bien un jour se mettre d'accord avec le calendrier, j'irais visiter demain notre Herculanum provençal.

Il faut vous dire que le temps était humide, froid et pluvieux, température qui me dispensera toujours de visiter les villes mortes ou vivantes, assises ou couchées sur le rivage de la mer.

Comme je gémissais au fond de l'âme sur la suppression de ce beau et doux printemps qui, lui aussi, a remis dans leur néant toutes les poétiques choses de ce monde, je reçus une lettre de vous, mon cher Dumas. Elle m'annonçait que le plus jeune, le plus cher et le plus charmant de nos amis courait en poste vers notre Méditerranée pour rencontrer le printemps, saison représentée aux Tuileries par une statue tenant des fleurs à la main et tremblant de tout son marbre, entre Méléagre et Spartacus.

Ma douleur fut grande. Je me croyais responsable à vos yeux des iniquités atmosphériques de mon pays. Jamais je ne me trouvai en si cruelle position. D'un côté Courdouan, à la veille de son départ pour Paris, me faisait d'amicales violences pour m'entraîner vers l'Herculanum provençal; d'un autre côté, vous m'ordonniez impérieusement de préparer un printemps d'âge d'or pour notre jeune voyageur, et de ne ménager ni les lilas aux jardins, ni les degrés au-dessus de zéro de Réaumur. J'aurais mieux aimé cent fois être ministre des affaires étrangères. Un vent humide et froid continuait à siffler un démenti au calendrier; je me chauffais dans le salon maritime du brave commandant Jacquinot, à bord du vaisseau *l'Océan*, et sur les flancs du colosse à cent vingt canons, les vagues se hérissaient blanchâtres comme les banquises polaires qui enchaînaient cet intrépide marin aux limites de l'univers glacé.

Pour mettre ma conscience en repos, je vous écrivis ces vers :

Oui, la nature change et tout change autour d'elle.
Ce soir, j'ai salué la première hirondelle,
Pauvre folle qui croit annoncer le printemps,
Elle mourra demain pour s'être trop pressée ;
Car la loi des beaux jours, hélas est renversée.
    Le monde est trop vieux de cent ans !

J'ai vu des amandiers là-bas sur nos rivages
Entremêlant leurs fleurs à mille fleurs sauvages...
Ce soir tout était mort, flétri comme en janvier...
Mars tombe, avril renaît ; n'importe, l'hiver dure !...
Il ne reste aux jardins que la pâle verdure
    Qui grisonne sur l'olivier.

Ce n'était point ainsi dans le berceau des âges,
Nous répètent souvent nos vieux pères, les sages ;
Pour la première fois, je crois qu'ils ont raison...

Je crois que le vingt mars, autrefois dans le monde,
A jour fixe, versait le chaud rayon sur l'onde
 Et l'eau froide sur le tison.

L'hirondelle et la fleur ne savent pas ces choses :
Elles viennent toujours pour annoncer les roses
A la date qu'Adam écrivit de sa main...
Hélas ! depuis Adam, la terre est refroidie,
L'hirondelle se meurt, sur nos toits engourdie
 Et la fleur sur notre chemin.

N'approfondissons pas les secrets de la nature, le printemps a peut-être son amour-propre comme le peintre Redouté, qui faisait si bien les fleurs et qui en était si fier. Le printemps s'est donc ravisé ; je m'efforce de croire que ma plainte l'a ému. Il s'est levé soudainement sur la pointe des mâts de l'escadre, sur les collines de la rade, sur les créneaux des citadelles, sur les cimes des montagnes avec l'éclat et la sérénité des fêtes du ciel. Les vaisseaux se sont diaprés de tous leurs pavillons, et le *Muiron* et la *Belle-Poule,* ces deux navires de l'empereur, ont arboré leurs flammes pour saluer le véritable soleil du 20 mars.

Maintenant votre charmant voyageur peut venir, nous répondons du printemps.

Nous sommes donc partis visiter la ville morte, héritière d'Herculanum et de Pompeï. Nous avons côtoyé un rivage sans égal au monde pour la grâce et la beauté. Malheureusement ce rivage n'est pas en terre étrangère; il a commis, en naissant, la faute d'être français; aussi les dessinateurs au long cours ne le connaissent pas, et il n'est consigné par livraisons dans aucun album de voyageur. Cette admirable promenade entre la mer et les forêts de pins et de chênes, conduit à l'Herculanum provençal. Un homme de beaucoup d'esprit et de science, M. Ferdinand Denis, a mis en lumière les premiers massifs de cette grande relique romaine, connue aujourd'hui sous le nom de Pomponiana.

Le paysage est superbe; il a toutes les conditions exigées par l'artiste, les collines boisées, les montagnes arides, les horizons infinis, la mer, les îles, les vaisseaux et le soleil. Le premier Romain qui a passé sur ce rivage devait y bâtir une ville, c'était inévitable. Jamais peuple n'a mieux connu les convenances d'un terrain pour y asseoir des pierres et y faire vivre des hommes. Quel bonheur si Pharamond eut été Romain ! Paris serait à Hyères ou à Pomponiana, mais il ne serait pas à Paris.

J'ai fait un système, pardonnez-moi mon cher Dumas. J'ai voulu savoir quel était ce premier Romain qui avait dit : « Il fait bon dans ce coin de terre, bâtissons-y une villa, un temple et des bains. » Vous savez que les auteurs latins sont entrés dans ma mémoire à mon insu, et qu'ils y sont restés malgré moi. Or je me suis rappelé un passage de Pline assez assorti à la circonstance. L'amiral romain de ce nom, surpris par l'éruption du Vésuve en 79, ordonna à son pilote de voguer vers Italira où était la maison de campagne de Pomponianus, *Verte ad Pomponianum.* Pline se mit au bain en arrivant, mais Pomponianus, dit l'histoire, abandonna lâchement sa famille et s'enfuit dans la campagne où il trouva la mort. Il avait une fille d'une rare beauté qui périt le même jour. On ne parle pas de ses fils, ils se sauvèrent probablement. Les bains de Pomponianus, où Pline fut étouffé par les cendres du Vésuve, étaient bâtis sur le rivage de la mer. Ils étaient conformes au plan que donne Vitruve des bains du Pausilippe, au dixième chapitre de son cinquième livre. L'*hypocaustum*, ou fourneau pour chauffer l'étuve, était soutenu par de petits piliers en briques assez rapprochés pour qu'on pût y poser des briques de deux pieds.

C'est la première chose qui vous frappe en abordant les ruines de Pomponiana, en Provence. La mer couvre de ses vagues les bains et les fourneaux, tels que Vitruve les a décrits d'après les modèles des maisons de plaisance de la grande Grèce. On peut donc hasarder qu'un des fils de Pomponianus, l'hôte de Pline, émigra vers 79, chassé par le Vésuve et par le souvenir de ses malheurs domestiques et vint fonder un établissement sous un ciel et devant une mer qui lui rappelaient si bien le pays natal. Afin que l'illusion fut complète, l'émigré romain rebâtit la villa paternelle sur le plan primitif ; il mit la maison sur la colline, dans un bois de pins, de chênes et de lentisques, et les bains au bord de l'eau ; il avait ainsi sous les yeux un autre cap Misène, une autre Caprée, une autre Ischia, un autre Pausilippe. Il n'avait perdu que le volcan ; c'était autant de gagné.

Les siècles qui font tant de poussière en passant et qui ont amoncelé, à Rome, sur la voie Sacrée, tant de débris que vous avez pu, comme moi, vous précipiter du Forum sur la roche Tarpéienne, les siècles ont enseveli la villa et la cité de Pomponianus. Il faudrait cent mille écus pour exhumer ce trésor. On a donné cent louis. Avec cette aumône faite à la prodigue antiquité, on a découvert les quais d'une ville, les thermes, les fourneaux, les murs et le sommet de la rotonde d'un temple, fort peu de chose certainement, mais assez pour faire deviner tout un monde souterrain qui n'attend, pour jaillir au soleil, qu'un vote de la chambre des députés.

Nous avons dépensé quelques millions avec l'obélisque de Luxor qui appartient au département du Nil, et nous hésitons à donner cent fois moins pour une ville entière qui appartient au département du Var !

Telles que les cent louis de gratification nous les ont faites, ces ruines fraîchement écloses donnent au paysage un caractère merveilleux.

La mer se brise sur les quais romains, les pins et les chênes fendent les ruines avec leurs racines. Il y a des voûtes de pierre et de mosaïque, voilées pudiquement par des voûtes d'arbres; il y a de gigantesques massifs de ciment d'airain, tapissés de pervenches, d'immortelles, d'iris, d'aubépines, de myrtes, de thym, enlacés tige à tige avec une confusion adorable et un luxe digne du soleil. Par intervalles, le bois vous montre des recoins mystérieux et recueillis, où des frontons croulants se hérissent d'un panache de lentisques et semblent vous proposer l'énigme de leur antique destination. Autour des ruines, la plaine est jonchée, avec une profusion incroyable, de la neige des marguerites, et c'est ravissant de voir l'écume folle de la mer venir jouer avec ces charmantes fleurs. Rien de capricieux comme ce rivage! Il mêle le sable à la verdure, l'algue vile au velours du printemps, il se festonne, il se creuse, il se nivelle, il s'élance vers la haute mer en promontoire aigu, tout chargé de pins qui semblent courir avec lui pour voir passer les vaisseaux. A l'horizon opposé, on distingue sur les collines de l'aurore, les cimes des palmiers du jardin d'Hyères, cette exquise miniature de l'Orient.

A dix pas des ruines on trouve une cabane isolée. On entre dans cette cabane du désert avec l'espoir d'y rencontrer un de ces heureux compagnons qui connaissent le bonheur : il y a deux douaniers ! Le passé de Taurentum me fait trembler pour l'avenir de Pomponiana. C'est que cette plage a déjà vu dévorer d'autres ruines par des décrets inconnus, et le goût de la dévastation vient en dévastant. Il y avait au-dessus des thermes de Pomponiana un couvent de saintes filles, le couvent d'Almanare. C'était un superbe édifice couronné de bois et penché sur la mer. Un soir, les Sarrasins débarquèrent sur cette plage et ravagèrent la pieuse maison. Les religieuses disparurent, les ruines restèrent, et nous avons ensuite achevé l'œuvre des Sarrasins, toujours en accusant l'impitoyable faulx du temps rongeur. Les bergers de Provence ont aussi une hypocrisie champêtre qui cache des siècles de méfaits. Après les Sarrasins, il n'y a pas chez nous de plus grands Sarrasins que les bergers. Vous les croyez couchés à l'ombre des hêtres, enflant de rustiques pipeaux, et ils incendient des forêts entières pour donner de bons pâturages à leurs chères brebis, et ils démolissent des pans de murs antiques pour rappeler au bercail les chèvres vagabondes ou pour abriter leur troupeau contre les ardeurs du solstice, selon le précepte *solstitium pecori defendite, jam venit œstas torridus.* Virgile nous a fait bien du tort.

Ainsi, mon cher Dumas, à votre première velléité de migration, *verte ad Pomponianum*, et prenez sous votre protection puissante cet Herculanum que nous voyons poindre à travers son immense linceul brodé de pervenches et et de thym fleuri. Allez au Louvre pour voir l'aquarelle romaine de notre compatriote Courdouan; dites à Théophile, qui prodigue en ce moment tant de science spirituelle et originale autour des tableaux, d'ajouter un rayon à ce dessin lumineux de Pomponiana qui est suspendu dans les giboulées de la place du Carrousel. Vous tous, qui travaillez là-haut pour le succès de toutes les richesses souvent si pauvres de l'étranger, songez un peu aux trésors enfouis sous notre sol national. Nous avons chez nous une ville morte qui ne demande pas mieux que de ressusciter; tendons-lui la main. Tendez-lui la vôtre, mon cher Dumas, et exhumez un peu de poésie nouvelle de notre prosaïque terre où l'on ensemence tant d'ennui pour la récolte de nos neveux.

Votre ami dévoué,

MÉRY.

MARSEILLE
ET
LES MARSEILLAIS

CHAPITRE Ier

Coup d'œil général

On lisait autrefois sur la façade de l'hôtel de ville de Marseille une fort belle inscription latine qui résumait très-bien, en quelques lignes, l'histoire de cette antique cité. « Marseille, disait ce parchemin de noblesse, est fille des Phocéens ; elle est sœur de Rome ; elle fut la rivale de Carthage ; elle a ouvert ses portes à Jules-César, et s'est défendue victorieusement contre Charles-Quint. »

Cette inscription, composée par l'Académie

de Marseille, a disparu ; elle est probablement aux archives, à côté d'une autre inscription que Louis XIV fit enlever à la porte Royale, et qui lui sembla trop fière après une révolte.

Ces deux détails paraissent fort simples, eh bien ! ils m'expliquent toute l'histoire de Marseille, depuis le dernier Tarquin jusqu'à la fin du siècle passé. Quand Marseille ne s'est pas elle-même dépouillée d'un ornement, elle en a été dépouillée par un autre. Ville antique qui n'a rien d'antique, belle ville qui n'a rien de beau, elle a fait un voyage de deux mille ans à travers l'histoire, et elle est arrivée, n'ayant conservé que son nom, comme le navire *Argo*.

Sa forêt sacrée a disparu sous les incendies ; ses temples de Neptune et de Diane, ses monuments romains ont été réduits en poussière ; ses murailles de Jules-César n'ont pas laissé une pierre ; son enceinte bâtie par le médecin Crinias, et sur laquelle a échoué le connétable, est descendue au-dessous du niveau de la mer ; sa fameuse tour Sainte-Paule, dont les batteries épouvantaient le marquis de Pescaire, ne montre plus que sa base ; son château de

César ne montre plus rien. Arles, Nîmes, Orange, ses voisines, ont gardé d'admirables reliques : Marseille a livré au mistral le dernier grain de sa poussière antique.

L'étranger archéologue ne revient pas de sa surprise, lorsqu'il ne trouve pas une pierre à ciment romain, dans cette sœur de Rome. Il demande à voir les ruines du temple d'Apollon Delphien, du temple de Diane d'Éphèse, du temple de Junon Lacinienne, du temple de Vénus victorieuse; plus le Lacidum, la nécropole *Paradisus*, la maison de Milon, les Thermes, la porte Julia... Le cicérone, quand il existe, ouvre de grands yeux, et ne peut montrer que deux de ces monuments : la maison de Milon et la porte Julia. L'étranger archéologue se résigne, en disant que deux vaut toujours mieux que rien.

Le cicérone le conduit alors rue des Grands-Carmes, 55, et lui dit : « Voilà la maison de Milon, le Milon qui tua Clodius, et que Cicéron défendit si mal dans son manuscrit, et si bien dans la plaidoirie imprimée que nous connaissons.

Oui, en effet, cette maison était d'architecture antique, et un bas-relief de pierre décorait sa porte et servait comme d'enseigne au vieux domicile du client de Marcus Tullius. Mais voyez la fatalité : l'antique maison a passé, il y a trente ans, aux mains d'un propriétaire iconoclaste, qui l'a démolie comme trop vieille, et en a bâti une toute moderne sur le même terrain. Le bas-relief est au Musée de Marseille, et il s'entoure de sarcophages sans nom.

— « Allons voir la porte Julia, » dit l'archéologue.

On le conduit au quartier de l'Observatoire, et on lui montre le squelette d'une porte, orné d'une herse absente et dépouillé de tout caractère romain : une antiquité de quatre siècles.

« Voilà le boulevard des Dames, » dit alors le cicérone, en désignant un terrain nu qui s'étend de la porte Julia à l'arc de triomphe de la porte d'Aix. C'est là que les femmes de Marseille se couvrirent de gloire, au terrible siége de 1524. Le canon du connétable avait ouvert une large brèche, là, devant la tour Sainte-Paule ; quarante mille reîtres, lansquenets, ou condottieri, les mêmes qui, trois ans plus tard, violèrent Rome, avaient planté leurs échelles devant Marseille ; les défenseurs, épuisés par quarante jours et quarante nuits de bataille, étaient sur le point de succomber ; les femmes arrivèrent sur la brèche, ranimèrent le courage des hommes, et sauvèrent la ville. L'ennemi n'entra pas.

« Où est le monument élevé à la gloire de ces héroïques femmes ? » demande le voyageur.

« Le voilà, répond le cicérone, » et il montre, sur un angle de mur, ces trois mots : *Boulevard des Dames*.

Les municipalités économisent les monuments de bronze ou de marbre, avec un nom de rue. *Boulevard des Dames !* Cela ne coûte pas cher, et l'héroïsme est récompensé.

On a élevé, après 1823, un arc de triomphe devant le boulevard ; on y a gravé beaucoup de bas-reliefs, où sont rappelés des faits d'armes de la République et de l'Empire, mais on a oublié, sur la face de l'ouest, la victoire des femmes marseillaises, et la défaite de Charles-Quint.

Voilà une simple idée que je soumets au conseil municipal de 1857, qui est en évident progrès sur les édiles de 1524 et leurs successeurs. Pendant vingt ans, j'ai demandé une statue pour mon illustre compatriote, Pierre Puget, le Michel-Ange de Marseille. Ce grand homme a attendu sa statue deux siècles ; enfin elle est aujourd'hui debout sur une place publique, grâce à la munificence d'un financier de Bordeaux. Les Marseillais donneront à Bordeaux une statue de Montesquieu.

Historien impartial et fils non dénaturé, je dois dire que Marseille est fort excusable, si elle paraît avoir ainsi négligé les grands souvenirs et les monuments de son histoire. Cette grande ville, aujourd'hui si calme et si prospère, a traversé bien des jours mauvais depuis Tarquin. Elle a subi vingt pestes, vingt incendies et des siéges terribles. Que de fois elle a été obligée de se rebâtir, à la hâte, avec les premiers matériaux trouvés sous la main des maçons ignorants ! Marseille a imité la Rome du moyen âge, cette malheureuse ville qui démolissait le Colisée et le tombeau d'Adrien pour se bâtir des maisons, ou qui changeait tant de chefs-d'œuvre d'architecture en citadelles pour se défendre contre les barbares. Le siége du connétable de Bourbon, en 1527, a fait encore plus de mal aux monuments de Rome que l'invasion de Théodoric et de Totila. Marseille a beaucoup trop imité sa sœur du Tibre dans les cas de légitime défense; elle a peut-être exagéré la démolition, car je soupçonne fort les premiers fabricants de savon du boulevard des Dames d'avoir bâti leurs usines avec les débris de la tour Sainte-Paule, ce bastion sacré, dont la coulevrine foudroyait les condottieri du connétable campés devant l'abbaye de Saint-Victor.

A ce propos, n'oublions pas une anecdote, si connue qu'elle soit, et ajoutons un commentaire.

Le 12 du mois d'août 1523, le connétable de Bourbon, chevauchant sur la grande route de Marseille avec son armée de bandits, se tourna vers le marquis de Pescaire, et lui dit : *Deux ou trois coups de canon épouvanteront si bien ces bons bourgeois de Marseille qu'ils viendront la corde au cou m'apporter les clefs de leur ville.*

— *Amen,* dit Pescaire, qui avait l'humeur très-railleuse.

Après trente jours de tranchée ouverte, le 15 septembre, le connétable de Bourbon, désespérant déjà de prendre Marseille, assistait à la messe, sous sa tente, devant l'abbaye de Saint-Victor. Un boulet de canon, lancé par la fameuse coulevrine de la tour Sainte-Paule, passa sur la butte des Grands-Carmes, traversa le port, troua la tente du connétable et renversa le prêtre qui disait la messe.

— *Qu'est-ce que tout cela ?* dit le connétable effrayé.

— Ce sont, répondit Pescaire, les bons bourgeois de Marseille qui viennent, la corde au cou, vous apporter les clefs de la ville.

L'histoire ne dit pas si le connétable répondit par un sourire au bon mot de son lieutenant.

Quel dommage qu'une tour qui a fait éclore un si beau mot, avec sa coulevrine, ait été démolie en détail, pour les besoins des anciens savonniers. Ce ne serait pas mon ami Arnavon, ni mon ami Charles Roux qui commettrait un pareil sacrilége aujourd'hui.

Quant au marquis de Pescaire, son nom est resté dans la mémoire du peuple de la vieille ville. Le jour de la levée du siége, les Marseillais, debout sur leurs remparts, saluèrent le fugitif par son nom provençalisé, *Pécaïré !* et, depuis, ce mot est employé pour déplorer une grande infortune. *Pécaïré* est un vocable rempli de larmes, et la cantilène méridionale le rend lamentable au plus haut degré.

Cette partie de l'histoire de Marseille m'a toujours très-vivement préoccupé. Je retrouve dans les écrits de ma première jeunesse quelques pages sur ce sujet qui ne seront pas déplacées ici :

« Le connétable, s'apercevant que la force ouverte ne réussissait point, eut recours aux vieilles ruses de guerre ; d'abord, il voulut se ménager des intelligences dans la place ; ensuite il donna ses ordres pour creuser une mine ; enfin il démolit les aqueducs qui portaient l'eau aux habitants ; nos aïeux burent l'eau des puits, repoussèrent les mineurs par une contremine, et pendirent les espions aux remparts. Le connétable irrité du peu de succès de ses opérations, ennuyé des plaisanteries de Pescaire, dirigea tous ses canons sur un seul point, fit une brèche, et commanda l'assaut; mais les Marseillais avaient élevé pendant la nuit un nouveau rempart derrière la brèche; des dames, immortelles héroïnes, avaient secondé de leur exemple et de leurs travaux les derniers efforts de leurs fils et de leurs époux, et comme les femmes de Sparte et de Carthage, elles vinrent, aux jours du péril, défendre les murs qu'elles avaient élevés.

« Ce fut le 24 septembre 1526 que le duc de Bourbon donna l'assaut général. Que pouvaient son génie et son courage contre des Français qui combattaient à côté de leurs dames, contre des hommes chez qui l'amour de la liberté ne pouvait être comparé qu'à celui qu'ils portaient à leur patrie et à leur souverain ?

» Le marquis de Pescaire, qui s'était toujours opposé à ce siége, et qui en avait prévu les funestes conséquences, ne perdit pas l'occasion de faire de nouvelles phrases, quand l'événement eut justifié ses prédictions. Il se rendit à la tente du connétable mystifié, et dit à haute voix, devant l'état-maior : « Vous voyez, messieurs, de quelle manière les Marseillais se sont préparés à nous recevoir ; ceux qui sont las de vivre peuvent encore les attaquer ; pour moi, à qui la vie n'est point à charge, je pars... Croyez-moi, retournons en Italie ; nous avons laissé ce pays dépourvu de soldats, et l'on pourrait bien y prévenir notre retour. » Pescaire tint parole ; il sortit de la tente sans dire adieu au duc de Bourbon ; les officiers qui tenaient encore à la vie suivirent le marquis, et le connétable se vit abandonné.

» Dans la nuit du 29 septembre, on alluma de grands feux devant les lignes ennemies, pour donner le change aux Marseillais, et l'armée battue et repoussée défila sous nos murs en observant le plus strict incognito ; mais nos sentinelles vigilantes avaient aperçu les fugitifs ; elles crièrent *aux armes*, et l'artillerie des remparts les salua pour la dernière fois d'une volée de canons. Le connétable fut poursuivi et harcelé jusqu'au Var par les gendarmes du duc de Carces et par les troupes du maréchal de Chabannes.

» Au temps de ce siége, Marseille comptait cinquante mille habitants. Cette ville était bornée au midi par le port, au couchant par la mer ; une ligne de remparts s'étendait depuis la porte de la rue *des Fabres* jusqu'à la tour de Sainte-Paule ou à la porte de la Joliette. L'armée du duc de Bourbon était campée dans ces plaines où depuis furent bâtis les faubourgs de Saint-Lazare et du chemin d'Aix. Pour transmettre à la postérité l'héroïsme des Marseillaises qui défendirent la brèche, on nomma *boulevard des Dames* cette partie des remparts où se donna le dernier assaut. Ce boulevard, qui conserve encore aujourd'hui son nom glorieux, est précisément le seul que nos dames ne fréquentent pas.

» Ce siége mémorable dura quarante jours. Il était à peine terminé, que François Ier arriva à Aix. Les députés que Marseille lui envoya furent reçus comme ils méritaient de l'être.

« Messieurs, leur dit ce grand roi, soyez les très-bien venus ; vous m'avez toujours été bons et fidèles sujets, et votre loyauté a été cause que j'ai recouvré tout mon pays de Provence; de quoi je vous remercie et vous demeure obligé; mais, pour le présent, je ne vous puis visiter pour effacer cette obligation, à cause qu'il faut que j'aille delà les monts en hâte, et s'il plaît à

Dieu, au retour je vous visiterai, et connaîtrez
ou'avez en moi un bon prince. »

» En effet, la prise ou la reddition de Marseille aurait entraîné la perte de la Provence, et c'était bien ainsi que l'avait calculé le connétable de Bourbon, prince rebelle, dévoué aux intérêts de Charles-Quint, et qui contribua par sa défection et ses criminels services au succès de cette fatale journée où François Ier perdit tout, *fors l'honneur.* »

Ce n'est pas, du reste, la première fois que les noms de François Ier et du connétable de Bourbon sont consignés dans notre histoire marseillaise. Dans le même manuscrit où je viens de puiser les pages qui précèdent, je trouve un peu plus haut un passage qui ne sera pas hors de propos; nos aïeux y sont peints tels qu'ils étaient il y a quatre siècles :

« Le roi de France faisait la guerre aux Vénitiens; les Marseillais, quoique séparés de ceux-ci par des mers et par des royaumes, jugèrent convenable de fortifier leur ville, et surtout le monastère de Saint-Victor, point de mire des ennemis. On envoya des députés à cette abbaye, pour s'informer de son état de défense; Ruffi nous donne l'inventaire de son arsenal; il consistait en sept arbalètes d'acier, dix cuirasses, dix boucliers, trois coffres remplis de traits, trois petits canons et quelques balles. Les députés revinrent en ville, bien rassurés sur l'état de défense de Saint-Victor; mais les Vénitiens, qui ne songeaient pas à nous, restèrent dans le golfe Adriatique.

» En 1512, la mode des courses fit fureur à Marseille; chaque négociant devint corsaire, chaque bateau devint brick; les nations de l'Europe étaient toutes nos ennemies, ainsi personne ne courait le risque de se tromper. Nos aïeux les corsaires firent bientôt tant de prises que le port en fut encombré; jamais les fortunes ne s'acquirent plus rapidement; Marseille était riche des dépouilles de l'Europe; un gentilhomme du pays, nommé Ricaut, entraîné par le torrent, vendit son patrimoine pour équiper un vaisseau; quelques hobereaux du voisinage vendirent aussi, et lui baillèrent des fonds. Ricaut part, vogue, traverse la mer en tous les sens, et ne prend rien; s'apercevant alors que son vaisseau patrimonial n'est pas fin voilier, il se rend de suite au port de

Porteserre, et là il tente un exploit digne des Duquesne et des Jean Bart; vingt vaisseaux marchands et un galion armé mouillaient à Porteserre; Ricaut se glisse au milieu d'eux, fait feu de bâbord et de tribord, jette la consternation dans la gent mercantile, qui s'épouvante facilement, pille trois vaisseaux abandonnés, et revient à Marseille partager avec ses actionnaires le butin qu'il avait conquis.

» Sur ces entrefaites, Charles de Bourbon arriva dans cette ville qu'il devait assiéger un jour; les Marseillais rendirent à ce prince les honneurs qu'ils accordaient volontiers aux souverains...

...... Mais alors il était vertueux.

» Cependant la mort enlevait Louis XII aux Français dont il était le père; l'aurore du beau règne de François Ier commençait à luire. Ce roi se hâta de confirmer les priviléges, les franchises et les prérogatives des Marseillais, et il nomma René de Savoie gouverneur de Provence.

» François passe les monts, se rend maître

du Milanais, et bat les Suisses, à la sanglante journée de Marignan. La France entière tressaillit de joie à la nouvelle de cette victoire; la reine et la mère de François Ier se rendirent à la Sainte-Baume, pour remercier Dieu protecteur de la France. Ces princesses entrèrent à Marseille le 3 janvier 1516, et vingt jours après, le roi lui-même vint honorer ces lieux de sa présence.

» La réception que les Marseillais firent au roi est digne de mémoire; des enfants portant des bannières aux armes de France, des jeunes filles entonnant des hymnes de victoire, formèrent le cortége du héros de Marignan; les canons des remparts le saluèrent; les habitants ornèrent en son honneur des plus belles tapisseries les façades de leurs maisons; partout on dressa des théâtres où des amateurs représentaient les exploits chevaleresques de saint Louis. Le lendemain, François Ier fut visiter les galères; là se préparait un singulier divertissement : à peine le roi fut-il monté sur la galère qui lui était destinée, que la petite flotte engagea un combat à coups d'oranges; le vainqueur de Marignan qui, dans tous les genres de combat ne voulait point jouer le rôle de spectateur, prit un bouclier, se fit apporter des oranges, et les lança sur ses voisins. Les Marseillais deviennent facilement très-familiers ; ils ne respectèrent pas plus François Ier qu'un autre tireur, et ils l'accablèrent d'une grêle de ces fruits ; le roi en reçut sur toutes les parties de son corps. Le jour suivant, il s'embarqua pour aller voir à Pomègue un rhinocéros que le roi de Portugal envoyait à Léon X, et deux jours après, il partit, emportant avec lui l'estime des Marseillais, leur amour et leur admiration. »

. . . .

Revenons à notre ville.

Marseille, ville éminemment catholique, n'a point d'églises. On y chercherait en vain un seul de ces pieux monuments qui étonnent l'étranger dans toutes les cités de la voisine Italie. On bâtit en ce moment une cathédrale ; il n'y avait pas de cathédrale ! Deux églises très-belles, et les seules que Marseille pût montrer avec orgueil, *les Accoules* et Saint-Ferréol, ont été démolies pendant la Terreur, et on ne les a pas rebâties. Le service divin est célébré dans des chapelles très-nombreuses, mais qui n'ont rien à démêler avec la grande architecture. L'abbaye de Saint-Victor, bâtie par les moines de Saint-Cassien, a perdu son beau cloître; mais elle a gardé son fameux souterrain, parce qu'un souterrain ne peut pas être démoli. Un étranger, s'il est curieux, visite ce souterrain, où se trouve la statue de la Vierge noire, attribuée à saint Luc par la tradition. Les imaginations méridionales, jamais satisfaites de la réalité, veulent que le souterrain de Saint-Victor passe sous les eaux du port, et communique avec l'autre rive. Mais personne n'a fait ce chemin.

Marseille, ville éminemment commerçante, n'a pas de *Bourse*. On y construit une Bourse aujourd'hui. Provisoirement, depuis bien des années, les affaires se traitent sous un hangar de bois peint, et brûlé par le soleil. La future Bourse, construite sur les dessins du célèbre architecte Coste, sera un beau monument.

Marseille, ville éminemment artiste, n'a pas de théâtre. La salle de la rue Beauveau, où on joue l'opéra, appartient à une société d'actionnaires, aussi nombreux que des académiciens. Le loyer est de cent mille francs, que la ville paye à titre de subvention. Le Gymnase marseillais, où l'on joue le drame et le vaudeville, appartient à un industriel charcutier. En général, les directions théâtrales ne sont pas heureuses à Marseille : la faillite est presque toujours la dernière pièce du répertoire. Et pourtant jamais peuple n'a mieux compris et plus aimé la grande musique et les grands artistes. Tout le monde chante, bien ou mal, dans la vieille ville ; tous les ouvriers savent par cœur *Moïse, la Favorite, Norma* et *Guillaume Tell.* La ruine des entreprises a des causes mystérieuses qu'il ne m'appartient pas d'approfondir. Le conseil municipal, il faut le dire à son éloge, ne manque jamais de venir en aide aux intelligentes directions.

Et cela ne date ni d'aujourd'hui ni d'hier. Il y a plus de vingt ans que j'ai écrit ce qu'on va lire. Ces pages sont encore pleines d'actualité :

« Un directeur qui se charge de l'entreprise du théâtre de Marseille mérite par ce seul fait seulement une décoration d'honneur ; rien n'est comparable à un pareil trait de hardiesse. La place de la Comédie est une mer semée d'écueils et fameuse par des naufrages ; l'intrépide directeur qui a voulu placarder des prospectus sur les colonnes voisines, a presque toujours placardé l'épitaphe de son administration.

» *Il n'est point d'effet sans cause ;* nous avons vu les effets, cherchons les causes, et tâchons de les trouver.

» On dit, dans le langage commun des coulisses : *C'est une bonne troupe, c'est une mauvaise troupe.* Une troupe est donc bonne ou mauvaise ; le médiocre n'est pas admis. A Marseille, une troupe, pour mériter le nom de *bonne* doit réunir un ballet, un opéra et même une comédie. La suppression du ballet est une calamité publique ; point de bonne troupe sans ballet, hors le ballet point de salut. Pénétré de cette vérité populaire, un directeur réunit donc ces trois éléments qui constituent la bonté de sa troupe, il paye les entrechats et les pirouettes au poids de l'or, il prend la fleur des Martin et des Elleviou de la province, il happe une chanteuse au Conservatoire, il signe des engagements avec les grands acteurs de la capitale, il organise un répertoire admirable, et détaille longuement les avantages futurs de son entreprise dans un long prospectus rouge qui tapisse les quatre coins de la cité. A cette vue, les amateurs bondissent de joie, la place de la Comédie retentit d'acclamations ; les vieux dilettanti s'embrassent en pleurant d'allégresse ; les jeunes papillons des coulisses préparent des madrigaux en prose aux *Psyché,* aux *Terpsichore,* aux *Filles mal gardées ;* le directeur, témoin de cet enthousiasme général, engage deux caissiers de plus, achète un coffre-fort avec son supplément, ouvre ses livres et attend les écus.

» Les débuts commencent : les acteurs chantent, on leur crie bravo ; les danseurs pirouettent, on trépigne de plaisir ; les comédiens disent de la prose ou des vers, on les applaudit ; le directeur fait son compliment obligé, on le reçoit comme un triomphateur ; la soirée s'écoule au milieu des bravos, des bis et des applaudissements.

» Un mois se passe, et les recettes satisfont le directeur ; les spectacles, à la vérité, sont choisis, et les acteurs ont encore le mérite de la nouveauté... Tout à coup l'été, fléau des théâtres, vient glacer l'ardeur des dilettanti ;

une vaste fournaise décorée offre peu d'attraits, après une journée étouffante; les amateurs vont respirer aux Allées une fraîcheur économique, les propriétaires désertent Molière et Méhul pour la bastide chérie, les dames et les élégants gravissent le cours Bonaparte, où les musiciens exécutent des airs délicieux; c'est alors que *l'Intrigue épistolaire*, *l'Habitant de la Guadeloupe*, *les Chasseurs*, *le Tonnelier*, etc., etc., sortent du répertoire, pour servir momentanément de distraction aux rares abonnés restés fidèles, et aux vieux habitués que neuf heures du soir n'ont jamais surpris hors du parquet. En attendant, le directeur est obligé de payer le loyer, l'éclairage, les droits des auteurs et des pauvres, les appointements des artistes et les semaines des ouvriers; et tous ces frais énormes sont des avances qu'il faut faire et qu'on espère recouvrer à la fin des beaux jours. L'hiver arrive, et des sociétés, des cercles, des bals, des concerts s'organisent partout; les abonnés se rendent alors régulièrement au spectacle; mais les amateurs casuels ne portent leur tribut aux bureaux du péristyle que les soirs de représentation *ex-*

tràordinaire, et ces soirs sont rares. Quelques jours privilégiés dans la semaine font encore sourire le caissier ; le dimanche, la recette est sûre ; le lundi est un jour nul ; le mardi se ressent un peu de la nullité de la veille ; le mercredi, le jeudi et le vendredi sont assez favorisés par le public dramatique, et établissent avec les autres une légère compensation ; le samedi nul. C'est ainsi qu'au théâtre, comme ailleurs, les jours se suivent et ne se ressemblent pas. Un directeur, quelque zélé qu'il soit, ne peut soutenir ses spectacles à la même hauteur, parce que les bons acteurs disponibles sont peu nombreux, et qu'ils se reposent volontiers ; de là cette intermittence de soirs heureux et malheureux, de recettes bonnes et mauvaises qui, réunies, couvrent à peine les frais présents et ne dédommagent point le directeur des avances qu'il a faites dans les premiers mois de son administration.

» Une ressource reste encore, celle des grands bals ; mais hélas ! la mode en est passée ; les jeunes gens vont danser dans les mille et un salons où l'on ne paye pas à la porte, et abandonnent les premiers grands bals à la contredanse solitaire qui saute à l'ombre des coulisses. Le directeur n'a plus alors que deux partis à prendre : vendre ses capitaux, s'il en a, pour payer le déficit, ou s'évader incognito sans payer. Le dernier parti est sans doute le meilleur, puisque tant de directeurs l'ont embrassé. Voilà ce qu'on gagne à monter une *bonne troupe,* dans un pays où il y a des bastides, des cercles, des concerts bourgeois et des promenades au cours Bonaparte.

» Maintenant, si un directeur prudemment averti par les catastrophes antérieures veut concilier ses intérêts et ceux d'un public chez qui l'économie est une vertu de plus; si ce directeur, négligeant à regret des accessoires ruineux, s'en tient au nécessaire, pour éviter le fatal placard ; si, jaloux de sa réputation, il veut fournir jusques au bout une périlleuse mais honorable carrière, alors des cabales se forment, des sifflets se préparent, des groupes apostrophent le prospectus: *Point de ballet!... nous sommes perdus!... Pac un acteur supportable! des bouche-trous! Point de grand-opéra! point de premier comique! des noms inconnus!... S'abonnera qui voudra...* Ah!

qu'êtes-vous devenus, beaux jours de Fay, de Langle, de Verteuil?... C'est dans ces dispositions d'esprit qu'on assiége les portes du spectacle ; chaque débutant qui paraît fait éclore un regret, chaque ariette amène la phrase banale : *Ah! il fallait entendre Mlle Hébert, Mlle Julien!* Chaque rondeau rappelle Dérubelle au souvenir des mécontents. On ne tient au directeur aucun compte de ses efforts ; on méprise ce qu'il donne, en regrettant ce qu'il n'a pas donné ; on abreuve de dégoûts les artistes et le régisseur ; on déserte enfin le spectacle, en disant : *Il vaut mieux se promener que de passer sa soirée ici ;* et l'on se promène.

» Veut-on avoir un théâtre digne de Marseille, un directeur stable, un ballet enfin?... Eh bien, que l'esprit mercantile fasse quelques concessions aux beaux-arts ! qu'ils trouvent dans cette ville des protecteurs et des amis !... Que les riches, au lieu de disputer un centime additionnel au directeur, prennent son entreprise sous leur protection ! que le spectacle enfin soit ici regardé comme l'école des mœurs, l'oracle du goût et de la raison, et le premier plaisir des peuples civilisés. »

Marseille est défendue du côté de la mer par deux forteresses honoraires, qui pourraient même avoir des canons. Elles sont placées sous le patronage de saint Nicolas et de saint Jean. Louis XIV, qui n'était pas content des Marseillais, a fait bâtir la citadelle, en disant : *Je veux avoir aussi ma bastide à Marseille.* On se révoltait souvent contre le grand roi, en ce temps-là. Louis XIV ne voulut pas entrer par la porte royale, située à l'extrémité de la rue des Fabres ; il fit couper un pan de mur et entra par une brèche, comme un conquérant. Ce jour-là vit tomber la fameuse inscription : *Sub cujuscumque imperio summa libertas.* Louis XIV n'aimait pas ce latin athénien.

Le port de Marseille, celui qui a fait la fortune de tant de Génois, de Grecs, de Levantins, de Turcs et de quelques Marseillais, a perdu son antique importance. Il passe à l'état de ruine liquide. Les étrangers psalmodient, depuis un demi-siècle, des lamentations contre ce port, dont les vapeurs nauséabondes infectent l'air quand souffle le vent du sud. Les naturels du pays ne se sont jamais associés à ces plaintes. Nos édiles anciens, touchés des mêmes doléances, trouvèrent, dit-on, un procédé pour purifier les eaux du port. On réussit : l'air se remplit de l'arome des coquillages et de l'algue marine. Plus d'infection. Les étrangers bénirent les édiles, les éphores, les archontes, les échevins. Un an après, les capitaines marins, ancrés dans le port purifié, s'aperçurent que la coque de leurs navires était trouée à la quille et abondait en voies d'eau. La purification du port avait favorisé le retour d'une invasion de vers d'eau salée, vrilles vivantes qui percent le bois, quand il n'est pas protégé par les éléments corrupteurs des eaux. Placés entre les lamentations des étrangers et les lamentations des capitaines, les édiles ne pouvaient hésiter. Ils rendirent au port son infection conservatrice, et les vers rongeurs disparurent comme par enchantement. Au reste, ce phénomène a été remarqué dans d'autres ports du littoral méditerranéen. Aujourd'hui la science trouvera sans doute un antidote contre l'infection, et Marseille, d'ailleurs, doit avoir tant d'autres ports, que le premier finira par être desséché et changé en terrain de bâtisse. Alors il sera complétement désinfecté. Heureux nos enfants! Marseille est née deux mille trois cents ans trop tôt; M. Mirès seul est né à point : c'est le vrai Protis de Marseille ; le Protis phocéen s'est trop hâté de fonder. S'il était arrivé de Thessalie aujourd'hui, nous serions tous nés demain, et à l'âge de vingt ans, grâce à la vapeur, à l'électricité et aux chemins de fer, nous assisterions au plus grand de tous les spectacles; nous verrions Marseille, notre mère, causant avec le Havre et Calcutta, et couronnée, comme une reine, sur le trône des mers, avec le trident de Neptune pour sceptre et l'Australie pour coffre-fort!

Si le vieux port se pétrifie et devient ville centrale, ce qui doit arriver infailliblement, la Cannebière, cette illustre Cannebière dont on parle tant, perdra cette auréole que lui a faite un commis voyageur en esprit du Languedoc. A notre tour, parlons un peu de la Cannebière.

Un jour, ce commis voyageur découvrit cette phrase : *Si Paris avait la Cannebière, il serait un petit Marseille.* Il prit un faux accent provençal, comme tous les contrefacteurs de langues, et excita un rire fou chez de candides auditeurs.

Le succès de cette phrase fut énorme, comme celui de *Malbrouck* et du *roi Dagobert*, et de toutes les niaiseries populaires. Depuis quelque temps surtout on contrefait beaucoup le Marseillais à Paris. Marseille est pour Paris ce que l'Irlande est pour l'Angleterre. On a fait une farce intitulée *le Marseillais à Paris*, comme on a fait en Angleterre l'*Irishman in London*. Levassor a achevé de nous rendre très-comiques et très-bêtes. Nous disons tous *bagasso* et *troun dé ler;* nous disons tous : *Si Paris avait la Cannebière, il serait un petit Marseille.* Nous portons tous des *queues rouges* et si les Jocrisses étaient encore en vigueur, les théâtres de genre n'auraient qu'à prendre le premier Marseillais venu pour lui faire jouer le rôle du domestique de M. Duval. *Si Paris avait*, etc.

Marseille est à deux cents lieues de Paris; notre langue à tous fut la langue provençale; nous avons appris le français comme une langue étrangère. Nous n'avons, à Marseille, ni collége Charlemagne, ni collége Bonaparte, ni Sorbonne, ni cours publics, eh bien! sans remonter au grammairien Demarsais, à l'orateur Mascaron, à Puget, à Mirabeau et à Barbaroux le Girondin, nous pouvons dire qu'aucune ville n'a donné plus d'hommes célèbres à cette ville de Paris, si riche en établisements d'instruction publique. Citons-en quelques-uns, de ces enfants de la Cannebière : Thiers, Capefigue, Barthélemy le poëte, Léon Gozlan, Louis Reybaud, Garcin de Tassy, Amédée Achard, Taxile Delord, Eugène Guinot, Joseph Autran, Forcade, Audibert, Gustave Bénédit, Gaston de Flotte, Marie Aycard, Marc-Michel, Joseph Cohen, et d'autres que j'oublie ; puis, dans la musique : Bazin, Xavier Boisselot, Reyer, Félicien David, Morel, Arnaud, Jules Cohen, tous dignes fils du mélodieux Marseillais Della-Maria, mort trop jeune !... et dans la peinture : Eugène Delacroix, Guérin, Baumes, Tanneur, Barry, Loubon, Daignan, Daumier, Dominique Papety, Ricard, Vidal, etc. Si Paris, avec ses colléges et son million d'habitants, avait cette Cannebière-là, il serait un grand Marseille. Qu'en dites-vous, auditoire de Levassor ?

Malgré tout, la Cannebière est une très-belle rue, commencée par Puget, et Paris s'en prépare une, dans le même genre, pour son avenir de port de mer. Jamais la bouche d'un Marseillais n'a prononcé la phrase stupide du commis voyageur, *Si Paris avait*, etc.; mais nous avons tous admiré cet immense espace d'azur et de rayons qui va se perdre dans cette forêt de mâts, qui est la ville flottante de toutes les mers. Par un jour de fête, rien n'est beau à voir comme ces grandes lignes d'architecture, coupées par des milliers de voiles, de pavillons, de flammes, qui sont la joie de l'air et les signatures de toutes les nations. C'est une rue bornée par l'infini, dans une atmosphère lumineuse, où l'azur joue avec le soleil; c'est un immense Claude Lorrain qui s'est peint tout seul et s'est exposé au bord de la mer, car tous les musées du monde seraient trop étroits pour lui.

La Cannebière n'a jamais eu le privilége de frapper une imagination marseillaise au point de trouver place dans un proverbe. S'il se fût rencontré un Marseillais aussi niais que le commis voyageur en *esprits* du Languedoc, il aurait associé le nom de Marseille à Paris, en citant le *Prado*, c'est-à-dire la plus belle promenade du monde. Qu'on se figure le golfe de Baïa se déroulant à l'extrémité occidentale des

Champs-Élysées, après l'arc de l'Étoile. Certes, un pareil point de vue réjouirait assez les Parisiens, et l'inventeur du fameux proverbe languedocien : *Si Paris avait...*, ne serait pas peut-être aussi ridicule qu'on le croit généralement, si au lieu de la Cannebière, dont aucun Marseillais ne parle, il eût cité le *Prado*.

Les promenades de Marseille étaient autrefois célèbres par leur poussière et l'absence de beaux arbres. Aujourd'hui, Marseille a le *Prado*, et c'est assez.

Le Prado commence à la porte de la ville, et se perpétue, entre deux haies de beaux arbres, de collines charmantes et de villas, jusqu'à la mer. Il y a place pour les équipages, les cavaliers et les piétons. Le golfe où conduit le Prado est la miniature de Baïa ; on y voit même le Vésuve, mais éteint : ce qui ne gâte rien au paysage, car un volcan donne toujours de l'inquiétude ; il a beau fumer nonchalamment, comme un lazzarone à moitié endormi, on s'émeut toujours à l'idée du réveil. Dans les plus vives chaleurs de l'été, la plage du Prado est fraîche et embaumée par les brises marines. Un sable d'argent et des fleurs de velours tapissent le fond de l'eau et invitent les baigneurs. La petite rivière de l'Huveaune, couverte par des berceaux de tamarins, vient perdre ses eaux limpides dans le saphir de la plage. A gauche, on voit la montagne où la grotte Roland travaille ses merveilleuses stalactites, dans des abîmes sans fond. A droite, le golfe est borné par des rochers de granit rose, avec leurs panaches de saxifrages et de pins. A chaque instant, on voit courir, au vol de la vapeur, les paquebots du Levant et d'Italie, dont la fumée passagère est le seul nuage qui vienne, par intervalles, ternir la pureté de l'horizon.

Après 1830, un marchand de papiers peints, M. Bernex-Philippon, créa cette magnifique promenade, cette rue démesurée qui ne s'arrête qu'à la mer. Le maire, M. Consolat, homme intelligent et ferme, entraîna les plus timides du conseil municipal dans une dépense appelée *folle*, à cette vieille époque de lésinerie marseillaise. Deux excellents journaux, toujours unis dans les questions d'intérêt local, la *Gazette du Midi* et le *Sémaphore*, soutinrent avec une énergie acharnée le projet de Bernex-

Philippon. C'est qu'il s'agissait de faire une grande chose tout à fait en dehors des habitudes administratives : percer dans la campagne une large promenade de deux kilomètres de longueur, la border de beaux arbres, et la conduire de la dernière maison de la ville aux premières vagues de la mer.

Un quart de siècle s'est écoulé depuis, et la promenade du Prado n'a plus rien à gagner du côté de l'agrément et de la magnificence. De beaux arbres, favorisés par la nature du sol, l'ombragent sur deux rangs ; des villas italiennes la bordent, et rien n'est beau comme cet immense paysage de collines boisées, de montagnes nues, de jardins charmants, de maisons de plaisance, d'oasis fraîches, de couvents recueillis, de bastides en amphithéâtre, ce paysage composé de toutes les fantaisies de la nature et de l'homme, et traversé par ce long corridor de verdure, dont la limite est l'éblouissante Méditerranée, cette baignoire du soleil.

Vue de la haute mer, la plage du Prado doit donner une idée de ces fantasques perspectives des villes chinoises, étagées sur les rives du Peï-Ho. Seulement l'avantage est pour la promenade marseillaise, car la mer remplace le Céleste Empire ou le canal impérial. Sur les rochers arides du *Roucas-Blanc*, le chemin du Douanier, et la *sémite* de la Chèvre ont été changés en voie carrossable; les collines couvertes de pins; les villas de la mer, où se distingent le château de M. Talabot, avec sa tourelle féodale, et la villa Pastré avec son architecture de fantaisie; et sur les premiers plans, l'embouchure de la petite rivière l'Huveaune et l'embarcadère du Prado. — Voilà le tableau. Ajoutez, par l'imagination, à ce tableau, l'azur de la mer et l'irradiation du soleil, et vous aurez encore le plus splendide et le plus original des Claude Lorrain.

Peu de temps après son inauguration, la promenade du Prado a été illustrée par de glorieux visiteurs, qui en firent, pour ainsi dire, leur domicile de jour. Les grands artistes voyageurs surtout se sont épris de belle passion pour ces champs-élysées de la mer, et, en toute saison, ils sont venus s'asseoir aux tables du restaurant Courty, se promener en bateau sur la petite rivière, ou à pied sur le sable qui borde la mer.

Quant à moi, je me suis fait souvent un véritable plaisir de conduire les voyageurs célèbres au Prado et de jouir de leur surprise, car, en général, il est admis que l'arbre et la verdure sont inconnus dans notre midi phocéen, et que les oliviers sans ombre ont seuls le droit de nous ombrager.

Le plus fervent enthousiaste du Prado a été Alexandre Dumas : pendant ses premières stations à Marseille, l'illustre écrivain s'y installait et n'en sortait plus; il oubliait même alors de travailler! chose qui paraît invraisemblable!

Pendant l'été de 1843, Mlle Rachel fit un long séjour à Marseille, et Alexandre Dumas s'y trouvait aussi, arrivant de Naples. Notre grande tragédienne était alors dans tout l'éclat de la jeunesse, du talent et de la beauté; Melpomène prenait le masque de Thalie, et jouait comme une adorable enfant, à l'ombre ou au soleil, devant cette mer qui la rendait si joyeuse, et lui faisait oublier ses soucis dramatiques. A cinq heures du soir, le classique Courty, qui se donnait le titre de cuisinier d'Alexandre Dumas, servait à Mlle Rachel tous les plats du midi, sur une table ombragée par des lauriers romains et des platanes de Jéricho; Hermione faisait honneur à cette cuisine méridionale, comme la Thestylis de Virgile, ou comme Mme Dorval, autre cliente du Prado. Le drame et la tragédie adorent les plats grecs : *allia contundunt;* Sophocle et Sénèque, Roscius et Roscia, poëtes et artistes de l'antiquité, vivaient avec délices de la cuisine bourgeoise de Thestylis. Excusons le mauvais goût des anciens. Au coup de six heures, Alexandre Dumas et moi, nous unisions nos vives instances pour supplier Mlle Rachel de vouloir bien se souvenir qu'elle jouait Phèdre ou Camille, à huit heures, au grand théâtre, et qu'il était temps de remonter en calèche. Courty, lui-même, qui avait loué une stalle pour la représentation du soir, suspendait malicieusement le service, dans l'intérêt de la tragédie et du public. Peines perdues! L'adorable enfant de génie était si heureuse, non pas de ce festin, mais si heureuse de vivre dans la verdure, les fleurs, les brises marines, les parfums des jardins, dans ce divin décor de la nature, qu'elle oubliait l'art, son autre idole, et attendait la dernière minute pour savourer ces extases des beaux soirs d'été, sous un dôme de lauriers, dans le voisinage de la mer. Ces fleurs, que les pieds de la jeune et belle Hermione ont effleurées sans les flétrir, vivent encore; l'initiale *R* est encore visible sur l'écorce du platane des festins, et Rachel a disparu!

A mon dernier voyage à Marseille, je n'ai trouvé que le cadre, sans la divine image. Malgré le soleil, il y avait un crêpe noir sur le Prado.

La division entre la vieille ville et la ville neuve est toujours très-distincte. C'est un contraste déjà séculaire, et que je verrai disparaître à regret au souffle niveleur de la civilisation. Le Marseillais de pure origine est l'enfant des vieux quartiers; c'est lui qui conserve la tradition de sa belle langue, faite de grec et de latin; c'est lui qui garde les antiques souvenirs, les croyances héréditaires et les chères superstitions : nous ferons plus tard le portrait de ce Marseillais, Phocéen baptisé. Sa vieille ville n'a pas été tirée au cordeau; elle n'a pas de belles maisons, sa *grande rue* est fort petite; ses places sont étroites; ses fontaines sont de modestes bornes; son pavé fait sentir le roc sous le pied. Elle monte et descend sur les collines et dans les vallons du territoire de Protis ; elle semble n'avoir d'autre souci que celui de se donner de l'ombre, et de se défendre contre le mistral.

La nouvelle ville est un échiquier ; les rues sont droites comme des I, et bordées de maisons assez belles : celles qui sont percées dans la direction du nord-ouest sont labourées par le mistral, dans toute la longueur de leurs numéros pairs et impairs. Il faut dire que ce mistral, dont les étrangers et les contrefacteurs parlent tant, a été enfin accepté par les indigènes, comme un bienfait d'hygiène. C'est comme un balai céleste qui nettoie l'air et le rend sain. Ajoutons aussi que le mistral s'est beaucoup humanisé, comme tous les fléaux qui vieillissent. Du temps de Strabon, la *bise noire* (*bis*) était si violente, que le mistral d'aujourd'hui n'est plus qu'un zéphyr, en comparaison. Dans la plaine de la Crau, dit Strabon, le mistral soulevait les cailloux comme des grains de sable, et renversait les cavaliers du haut de leurs chevaux. Ainsi, il a bien dégénéré ; nos pères ne le reconnaîtraient plus. L'empereur

Constantin, que l'admirable situation d'Arles avait séduit, a voulu faire de cette ville sa Constantinople, et on sait de quels soins paternels et prodigues il environna cette jeune reine du delta du Rhône et de la mer. Puis, tout à coup, Constantin et sa cour prirent Arles en dégoût mortel, à cause de l'intolérable tyrannie du mistral de Strabon, et Constantinople fut fondée à Byzance, de l'autre côté de la mer.

Une croix démesurée, faite par les lignes de maisons et des promenades intérieures, rend aux étrangers un signalé service ; elle leur permet de connaître, au premier coup d'œil, la grande ville neuve. De la porte d'Aix à l'obélisque, une seule rue tirée au cordeau et seulement interrompue par les arbres du cours, traverse tout Marseille. L'autre rue transversale part de l'extrémité des allées de Meilhan et ne finit qu'au port.

Dans ce court tableau de Marseille, esquissé au point de vue matériel et historique, n'oublions pas une troisième ville, qu'on peut appeler la ville de la campagne. En aucun autre lieu du monde on ne voit une si nombreuse agglomération de maisons de plaisance. La loi agraire, ce rêve de Tiberius Gracchus, a fini par trouver sa réalisation dans la banlieue marseillaise. Chaque citoyen possède son arpent de terre au soleil ; c'est l'Éden de son dimanche. La passion de la *bastide* est innée chez le Marseillais. L'ouvrier qui n'est pas assez riche pour se donner quatre murailles ornées d'un toit à tuiles rouges et de quatre pins à cigales se donne le *cabanon*. Il y a des rochers arides semés de cabanons, brûlés par le soleil, secoués par le mistral, mais toujours chers à leurs heureux propriétaires. *Ce cabanon est à moi*, pensée enivrante qui change le désert en oasis, et la pierre en velours. Aujourd'hui, le canal de la Durance, avec ses mille saignées d'irrigation, a complétement changé l'aspect de cette ville de la campagne. Sur quinze mille bastides, comptées par nos pères, les deux tiers au plus ne connaissaient les arbres et la verdure que de réputation. Les enfants s'abritaient de la chaleur à l'ombre des cannes paternelles. On buvait de l'eau de citerne dans une plaine hydrophobe ; mais on jouait au *boston* et au *reversis* dans un salon nocturne, décoré des images des quatre saisons. Maintenant, la verdure et les arbres sont partout. Il y a même trop d'ombre ; les anciens fervents, et j'appartiens à cette secte d'incas, soutiennent que les arbres ont le tort de cacher le soleil. Si la végétation devient trop exubérante, on arrivera donc au déboisement partiel. Le canal abuse de sa fécondité.

Il faut maintenant passer de Marseille aux Marseillais. Ici l'étude se complique. Le Marseillais ne peut être défini, dans une étude synthétique, comme l'Athénien. Nous sommes dans le pays où les contrastes physiques créent les contrastes moraux ; nous sommes sur le sol qui place les gorges stériles d'Ollioules à côté des cascades et des orangers; il y a des caractères tranchés, des individualités originales, à côté d'imitateurs serviles. On respire, à Marseille, l'air de tous les pays, ont dit Chapelle et Bachaumont; c'est que tous les pays ont laissé leurs alluvions sur cette terre impressionnable, et ont fait du peuple marseillais le peuple compatriote de l'univers. De là ces nuances infinies, ces variétés de types et d'organisations qui induisent si souvent en erreur l'observateur étranger et superficiel ; celui-ci juge tous les habitants d'après le premier qu'il rencontre, selon le procédé de ce voyageur qui, traversant Berne et rencontrant une femme rousse et acariâtre, écrivit sur son album : « Toutes les femmes à Berne sont rousses et acariâtres. » A la naïve époque des comparaisons, des parallèles et des portraits, le bon père Rapin disait : — « L'Athénien est spirituel, railleur, cauteleux, idoine au bien comme au mal ; oublieux des affronts reçus, contempteur des autres nations, impatient du joug, propre aux armes et terrible à l'ennemi. » Quand un peuple a cette monotonie de caractère, l'historien n'a pas besoin de faire une galerie, il s'arrête au portrait. Athènes, selon le père Rapin, n'avait qu'un habitant. Par malheur, les descendants des Athéniens donneraient beaucoup plus de besogne au père Rapin, et si le savant jésuite s'avisait aujourd'hui de commencer un portrait par ces mots : *Le Marseillais est contempteur de ses voisins, impatient du...* tous les Marseillais l'arrêteraient en lui criant qu'il va peindre un Marseillais de Levassor. Nous allons essayer un autre procédé peu connu du père Rapin.

CHAPITRE II

Le désert et l'oasis.

Les contrastes physiques produisent les contrastes moraux. Le voyageur affairé qui traversait, avant le chemin de fer, la grande route de la *Viste*, voyait ou croyait voir un affreux pays planté d'oliviers malingres et poudré d'une poussière blanche. On disait généralement aux tables d'hôte :

— Il n'y a pas un arbre autour de Marseille; toutes les montagnes sont nues et pelées; on ne voit pas une goutte d'eau, et on y échange le froid aigu du mistral contre les ardeurs intolérables du soleil; de contrastes, point : c'est l'uniformité du désert de Sahara.

Ainsi parlaient, aux tables des *Lion-d'Or*, des *Grand-Cerf* et des *Trois-Pigeons*, les observateurs des diligences Laffitte et Caillard.

Le Midi est presque partout le même ; là où l'eau manque, il y a stérilité morne ; là où l'eau abonde, l'oasis verdit et donne des ombrages merveilleux. Les arbres du Midi sont d'autant plus beaux qu'ils ne sont pas, comme dans le Nord, ou des parapluies, ou des conducteurs de rhumatismes. Une forêt dans le Midi est le parc du ciel. La Sainte-Baume, avec son immense association de chênes verts, de chênes-liéges, de sycomores, d'ormeaux, de trembles, de pins, tous de gigantesque futaie; avec ses fontaines d'eau vive, ses ruisseaux, ses sources, ses gazons, ses fleurs agrestes, la Sainte-Baume est la plus charmante et la plus admirable des forêts. Le soleil y brûle la cime des arbres ; la fraîcheur de la nuit couvre ses gazons.

Ainsi, dans le territoire de Marseille, les oasis abondent, et le voyageur, que tourmente la poussière de la grande route, ne se doute pas de ces délicieux voisinages. A côté de ce désert sablonneux, que bordent les pâles oliviers de la Viste et de Saint-Louis, on trouve les Aygalades, Fontainieu, Saint-Joseph, la Guillermy, la Floride, avec les plus belles sources et les plus beaux arbres du monde. Devant les montagnes nues de Montredon, vous trouvez le château Borély, un Saint-Cloud au bord de la mer. Toujours la fécondité auprès de la lande stérile, toujours la terre altérée à côté de la source. Gemenos et Saint-Pons, merveilleux paysages inconnus des voyageurs, sont côtoyés par le chemin aride de Toulon. Contrastes à chaque pas.

Les hommes qui naissent au milieu de cette nature sont soumis aux mêmes influences. On admet cette loi mystérieuse, on ne l'explique pas.

Le Marseillais primitif est le *Sanjanen*, mot provençal qui prend son origine dans le quartier de Saint-Jean. Ma famille appartient à cette catégorie phocéenne de marins et de pêcheurs.

Ce Marseillais garde, au milieu d'une pauvreté héréditaire, la fierté de son origine. Il parle le provençal pur, langue latino-grecque, qu'il possède admirablement, et dont il tire un parti merveilleux, surtout pour la raillerie. Il se garderait bien d'épeler la première syllabe de la langue française, objet de son dédain. Marseille même est pour lui une ville étrangère, ou le faubourg de Saint-Jean ; lorsque ses affaires l'appellent dans la ville neuve, il la traverse d'un pas rapide, sans l'honorer d'un regard de curiosité. Ce qu'il admire, et avec juste raison, c'est la mer, sa superbe voisine ; la *Tourette*, vaste esplanade, d'où l'œil découvre les îles, le golfe, les montagnes et le cap Couronne, limite de son univers ; ce qu'il vénère, c'est le curé de l'église Saint-Laurent, seule autorité du quartier ; ce qu'il ambitionne, c'est de devenir prud'homme, ou de porter la bannière de saint Pierre aux processions de la Fête-Dieu ; ce qu'il désire chaque soir, c'est une de ces belles nuits qui font les pêches miraculeuses. Ainsi ce Marseillais ne se croit même pas de son vrai pays géographique.

— *Siou Sanjanen*, dit il dans son orgueil ; *je suis de Saint-Jean.* C'est la première ville du monde.

On lui offrirait la richesse et un palais à Londres et à Paris, il ne déménagerait pas. Il mourrait d'ennui, s'il perdait de vue le clocher de Saint-Laurent ; il douterait du salut de son âme, s'il n'entendait plus l'homélie du dimanche, que son curé fait, en langue provençale, dans cette charmante église ouverte à toutes les brises de la mer.

Il était temps de faire le portrait de ce Marseillais, car la civilisation, qui ne respecte rien, a déjà envoyé ses pionniers dans la ville phocéenne de Saint-Jean. Cette curieuse individualité va s'éteindre ou se modifier. L'élément *franciot* déjà se glisse dans la rue Saint-Laurent et le château de Joly, *castrum Julii* là même où Jules César trouva des orateurs qui lui parlaient si bien latin. Le jour où le prône dominical sera fait en langue étrangère, c'est-à-dire en français, dans l'église de M. Bonnafous, il n'y aura plus de *Sanjanens*.

L'homme né au bord de cette mer, à la clarté de ce soleil et de ces radieuses étoiles est, de tout temps, entré dans la vie avec des pensées et des habitudes religieuses. Le Marseillais du quartier de Saint-Jean était, avant la venue de saint Lazare, son premier évêque, le fervent adorateur de Neptune, le dieu de la mer, et de

Diane, la chaste déesse qui éclaire les nuits.
Les deux temples où ces deux divinités étaient
adorées s'élevaient dans le voisinage; ils disparurent et furent même anéantis jusqu'au dernier vestige, lorsque Marthe, Madeleine et Lazare apportèrent à Marseille la parole de
Jérusalem. Alors le pêcheur de Saint-Jean embrassa la religion nouvelle, partie du Calvaire,
et, depuis cette époque, la ferveur chrétienne
ne s'est jamais ralentie à l'ombre du vénérable
clocher de Saint-Laurent.

L'ouvrier marseillais de la vieille ville se divisait autrefois en deux classes bien distinctes:
lou nervi, et *lou brave enfan;* deux antithèses.
Le *nervi* était une sorte de gamin de Paris,
mais dans de grandes proportions. Le nervi
était fainéant et destructeur; il avait cette méchanceté de quadrumane, qui est souvent confondue, même dans le Nord, avec cette faculté
gracieuse et charmante qu'on appelle l'esprit.
Le nervi était le fléau des pauvres Turcs exilés à Marseille par les Fanariotes, et des *Bachins*, sorte d'Italiens qui doivent leur nom au
cap *Pachinum*, de la Sicile. Pendant les nuits
tièdes de l'hiver, le nervi, ne trouvant sur sa

route ni Turc ni Bachin, déclarait la guerre à tous les passants attardés. La police, quand elle existait par hasard, redoutait le nervi, comme un garde champêtre redouterait un tigre. Parfois, en plein jour, sur le port, une escouade d'agents ne craignait pas d'arrêter un nervi, en flagrant délit d'insulte grave commise contre un vieux Turc; alors le tribunal de police correctionnelle instruisait l'affaire, et le président, M. de la Boulie, le Thésée des nervis, infligeait au coupable une sévère condamnation. Le temps de prison expiré, le nervi sortait de sa cage pénitentiaire et recommençait sa guerre sauvage contre les Turcs, les Bachins, et même les Franciots, coupables de parler français.

Ceci est l'histoire d'hier.

Alors un courageux poëte, un artiste d'un grand talent, un homme de l'esprit le plus rare, M. Gustave Bénédit, un des rédacteurs du *Sémaphore* et de la *Gazette musicale* de Paris, et professeur au Conservatoire de Marseille, composa un poëme intitulé : *Chichois*, sorte de machine infernale destinée à l'extermination des nervis. Ce poëme, qui est le chef-d'œuvre de la satire, et qui vivra tant que la belle langue provençale sera comprise, fut, à son apparition, l'événement de Marseille. Les nervis se cotisèrent pour l'acheter, et le lurent. Les amis de M. Gustave Bénédit, et je m'honore d'être du nombre, tremblèrent pour lui et lui firent bonne escorte tous les soirs, car une terrible vengeance semblait le menacer. Eh bien ! voici l'inattendu. Il faut avoir foi dans les natures méridionales, conseillées par la mer et le soleil. Les nervis se reconnurent dans la satire admirable ; ils rougirent d'eux-mêmes et se convertirent en masse. Bénédit devint leur héros. Ce que n'avaient pu faire la police, la loi, la prison et Thésée de la Boulie, un poëte le fit. Pour la première fois, la comédie corrigea les mœurs en riant.

L'ouvrier *brave enfan* travaille et vient en aide à sa famille ; il est sobre ; il préfère l'eau de la fontaine Sainte-Anne au meilleur vin ; il fuit les sociétés dangereuses, s'éloigne des cabarets, fréquente la caisse d'épargnes et fait des économies pour se marier. Il a, pour ses dimanches et jours de fête, trois passions innocentes, la pêche, la musique et le jeu de boules. A l'aube des jours fériés, il s'habille élégamment et se rend au cabanon, sur le bord de la mer. Trente degrés de chaleur le ravissent d'aise; il jette sa ligne aux flots bleus de la Caranque, et se rôtit au soleil avec volupté, quand les poissons convoités jouissent d'une fraîcheur délicieuse au fond des eaux, et se gardent bien de mordre à l'hameçon dans leur vieille expérience traditionnelle et phocéenne. N'importe! à Marseille, le pêcheur est fait à l'image du chasseur, et *vice versâ*. On pêche et on chasse pour respirer le parfum du golfe ou de la colline; le poisson ou le gibier sont des accessoires oiseux. On est charmé si on les rencontre, on ne se désole point s'ils sont absents. L'appétit est la conquête infaillible de ces sortes d'expéditions. Il y a toujours bénéfice.

A onze heures, quand le soleil incendie les murailles blanches et la poussière des petits chemins de traverse, l'ouvrier du cabanon joue à la boule, en attendant le dîner. C'est un exercice salutaire, renouvelé des discoboles phocéens. On a soin d'éviter les arbres, si par hasard on en trouvait au bord de la mer. Les arbres ont le tort de voiler le soleil. Une partie de boules n'est agréable que dans une atmosphère de salamandres. On court, on s'agite, on se démène, on se dispute, on mesure, on trépigne, avec quarante degrés Réaumur, et dans l'incendie de la réverbération.

La musique arrive après le dîner. Tous les ouvriers sont artistes; n'attendez pas d'eux qu'ils vous chantent une chanson sur les *doux gloglous,* sur le *jus de la treille,* et les *charmes de la bouteille;* ils ont en horreur toutes les ivrogneries du Caveau; ils chantent un chœur de *Guillaume Tell,* un duo de *Lucie* ou de *Robert,* un air de *Zampa,* un morceau de la *Favorite,* ou la prière de *Moïse :* rien que cela. Ils savent tout par cœur, et ils ne connaissent que la grande musique; ils dédaignent l'ariette, il leur faut Rossini, Meyerbeer, Bellini, Donizetti, Weber, Mozart, Hérold. Ce sont les gourmets de la haute mélodie, tous ces hommes du peuple: leur oreille est infaillible à l'endroit des sons; malheur à la petite flûte, qui, dans une ouverture, manquerait son entrée de cinq secondes; elle serait sifflée par les quatrièmes loges, comme un ténor coupable de faux!

Une seule fois, ce peuple d'ouvriers se passionna pour la tragédie et suspendit son chant éternel, cet hymne qui remonte au chœur des enfants de Protis, *io es aou pharo.*

Mlle Rachel était arrivée à Marseille.

A cette nouvelle, tous les jeunes gens de la vieille ville, excepté les Sanjanens, abandonnèrent les hauts quartiers; il en vint de la Major, où fut le temple de Diane; des Grands-Carmes, où passa Milon, le meurtrier de Clodius; des usines du boulevard des Dames, où fut ouverte la tranchée du connétable; des Accoules, où s'élève le clocher d'une église absente; de la place de Lenche, où le génie de la Grèce bourgeoise semble avoir laissé un caractère éternel de lumineuse placidité. Dénombrer cette armée d'enthousiastes serait chose impossible. Ce public trop compacte pour entrer au théâtre campa dans la rue, et attendit Mlle Rachel.

Je n'ai jamais écrit ce souvenir de ma vie, et je ne laisserai pas échapper cette occasion de peindre l'ouvrier marseillais, tel qu'il se montra dans cette époque mémorable de son histoire.

On venait de jouer *les Horaces;* il était minuit; Mlle Rachel m'avait fait l'honneur de m'appeler pour la conduire à l'hôtel de *l'Univers*, rue du Jeune Anacharsis. La distance à parcourir n'était pas longue, mais la traversée paraissait difficile. La voiture de Mlle Rachel était prise par la foule, comme un navire par les glaçons, au pôle nord; les chevaux ne pouvaient avancer. Je pouvais donc être de quelque secours, dans cette navigation difficile, s'il fallait parler au peuple, mon compatriote, dans cette langue provençale que je parle comme un Sanjanen.

Les chevaux firent péniblement deux pas, et au même instant des cris partirent de la foule. Mlle Rachel eut un moment superbe, elle se leva et ouvrit la portière, en demandant si quelqu'un était blessé. Par bonheur, il n'y avait aucun accident. Alors elle s'élança sur le pavé en disant :

— Nous ferons le reste à pied, je ne veux pas que ces braves gens, qui me reçoivent si bien, courent le moindre risque.

J'offris mon bras à Mlle Rachel, en lui disant :

— C'est vous maintenant qui êtes en péril,

l'enthousiasme est dangereux à Marseille. Vous allez voir.

— Eh bien! reprit-elle en riant, j'adore les dangers.

La foule était devenue une mer orageuse contre laquelle on ne pouvait lutter. A chaque pas péniblement fait, Mlle Rachel perdait la respiration, et toutes mes harangues provençales, que je m'efforçais de rendre éloquentes, ne pouvaient rien contre cette frénésie d'adoration, qui s'adressait autant à la jeune femme qu'à la grande artiste. Chacun voulait la voir de près, effleurer sa robe, écouter sa voix, respirer son souffle, et je voyais se ruer devant moi d'ardentes figures dont les yeux lançaient des flammes et éclairaient la nuit. Aux cris continuels de : *Vive Rachel!* poussés par la foule, je ne cessais de répondre : Mais vous allez la tuer! on ne m'écoutait pas. Les vagues humaines s'amoncelaient sur les vagues, comme on le voit dans le golfe voisin, un jour de mistral : nous n'avancions plus, nous étions portés. Impossible de suivre une direction ; nous suivions le flux et le reflux. Au milieu de cette tourmente, j'appelai à l'aide de Mlle Rachel les plus vigoureux de mes terribles compatriotes; une voix de basse profonde me répondit, m'appela par mon nom, et me promit un secours inespéré.

Quarante jeunes portefaix, quarante hercules de la vieille ville, forcèrent la foule, en enfonçant leurs coudes de bronze dans la foule compacte, et se firent les gardes du corps de Mlle Rachel.

— Soyez tranquilles, mademoiselle Rachel! criaient-ils, comme un chœur de tonnerres.

Nous nous trouvâmes bientôt placés dans un cercle protecteur, qui nous permettait de reprendre haleine et de marcher avec nos pieds. Mais ces puissantes cariatides furent dispersées par un nouvel et violent effort de la foule, et par bonheur cette bourrasque ayant fait une éclaircie, j'entraînai Mlle Rachel dans une boutique, la seule ouverte au milieu de la nuit.

La foule s'arrêta respectueusement sur le seuil; mais elle ne se dispersa pas, elle attendit.

— Tiens! dit Mlle Rachel en riant aux éclats, c'est la boutique d'un chapelier! Je vais acheter un chapeau pour mon frère, et le lui envoyer à Paris.

Et elle se mit en devoir de choisir un chapeau pour Raphaël, comme si rien ne se fût passé. On entendait toujours gronder l'ouragan athénien des enfants de Marseille.

Un agent de police entra et offrit de faire dissiper la foule avec les sommations légales.

— Gardez-vous-en bien, monsieur, lui dit l'illustre tragédienne ; ceci n'est pas une émeute. Il n'y a eu du danger pour personne.

L'agent salua et partit.

Mais bientôt un bataillon de la ligne arriva et fit une haie depuis la boutique du chapelier Ricaud, jusqu'à l'hôtel de l'Univers. Le chemin devenait alors trop facile. Toutefois la foule ne se retirait pas, elle s'amoncelait derrière les fusils et criait toujours : *Vive Rachel!* La jeune actrice, que cette scène malgré son péril divertissait beaucoup, me dit :

— J'ai bien envie de licencier cette troupe.

— Justement, lui dis-je, il y a dans *Britannicus* un vers de situation. Néron licencie sa garde, en lui disant :

Et vous, qu'on se retire.

En ce moment, l'officier qui commandait le bataillon aborda Mlle Rachel avec une politesse si gracieuse, que l'hémistiche de *Britannicus* ne fut pas prononcé. Il fut permis à la belle Hermione de rentrer dans l'hôtellerie sans le moindre obstacle. Au seuil de sa maison, elle salua la foule, me serra la main et disparut.

On pourrait croire maintenant, si je bornais là mon récit, que les jours suivants Mlle Rachel prit des précautions pour rentrer en toute sécurité chez elle, ou que la foule des ouvriers marseillais cessa de faire éclater son périlleux enthousiasme. Il n'en fut point ainsi. Mlle Rachel n'a voulu prendre aucune mesure de sûreté, pendant un long séjour à Marseille, et, après tant de représentations triomphales, la foule n'a pas cessé de s'entasser toujours plus nombreuse pour lui faire la même ovation nocturne. J'avais toujours l'honneur de donner le bras à la grande artiste, et je me serais bien gardé de la contrarier dans une résolution qui était pour elle un véritable plaisir. En aucune autre ville du monde, Mlle Rachel n'a été honorée d'un danger pareil.

— C'est, m'a-t-elle dit souvent, un de ses plus doux souvenirs.

Le portefaix est encore une individualité marseillaise dont le type ne se retrouve nulle part.

Le dimanche, un étranger voit passer à la promenade des Allées de Meilhan un homme à forte encolure, au teint frais, aux bras herculéens; il est mis au dernier goût du jour; c'est Milon de Crotone en frac noir. Il marche avec une légère oscillation d'épaules, sorte de tangage que les marins ont appris à leurs compatriotes terrestres. A côté de ce fashionable au linge fin, au drap soyeux, aux chaînes d'or, chemine au hasard un petit homme au pantalon de coutil, au chapeau de paille, à la veste blanche de planteur. Le premier est le portefaix, l'autre est son négociant. Et, chose inouïe! quelquefois le premier est plus riche que le second. Ils causent tous deux avec familiarité. Le négociant rit des bons mots de son portefaix et tâche de les retenir pour les redire *à son épouse*. Ces deux hommes sont égaux, non pas en vertu d'une charte quelconque, mais en vertu du droit coutumier marseillais.

Le portefaix appartient à une puissante corporation, dont les privilèges sont immuables et qu'aucune loi ne peut leur enlever. Cette corporation a ses aspirants, les *rebeïraous*. La probité du portefaix est proverbiale : il n'y a pas d'exemple d'un portefaix déloyal dans ses relations. C'est lui qui tient les clefs de tous les magasins de commerce et qui souvent fait les affaires de son négociant, ami de la bastide et de l'oisiveté. Le négociant lui accorde toute confiance et n'a jamais lieu de s'en repentir. Le vieil esprit marseillais est toujours en vigueur dans cette classe nombreuse et c'est là qu'il se perpétuera lorsque la civilisation, venue du nord, aura promené son niveau sur les aspérités saillantes du midi. Le portefaix aime Marseille, son golfe, ses collines, les quais de son port, les charmes et les défauts de son climat. Il travaille pendant la semaine avec cette énergie calme qu'aurait l'Hercule *au repos*, s'il descendait de son piédestal pour se faire ouvrier ; mais avec quelles délices intimes et contenues il voit approcher l'aurore du dimanche et surtout les trois fêtes qui suspendent le travail aux grandes dates catholiques ! Avec quel ravissement il revoit sa chère bastide, qui le fait propriétaire ; son verger tout fleuri de promesses; sa colline où se hérissent les aiguilles vertes des genêts d'or; la *pinède* où la brise chante une mélodie somnolente; l'alcôve verte où les lauriers et les myrtes mêlent leurs doux parfums; la haute terrasse qui est le belvédère de la mer; et, dans l'intérieur, ce salon frais avec son large divan oriental, garni de coussins, où la *sieste* est si bonne, quand la cigale chante sur les pins, dans les ardeurs de midi!

C'est là que le portefaix célèbre ses jours de repos, au milieu de sa famille; c'est là qu'il prépare lui-même le dîner dominical, composé de l'antique *aïoli*, qui remonte à Thestylis, la cuisinière de Virgile. C'est le plat excitant, le plat de l'été; à son parfum, l'appétit engourdi par la chaleur se réveille et fonctionne comme en hiver. L'eau fraîche du puits voisin corrige, à force de libations innocentes, les émanations volcaniques de l'*aïoli* et rétablit l'équilibre dans le laboratoire de ces estomacs herculéens.

Après le dîner et un peu avant la *sieste*, le portefaix, sollicité par ses amis, chante un air de grand opéra. Il possède toujours une voix de basse, comme l'Alcide à bord du navire *Argo*. Le répertoire est varié. Le public de la bastide n'a que l'embarras du choix. Les morceaux de préférence sont : *Nonnes, qui reposez sous cette froide pierre;* le premier duo de *la Favorite*, avec un jeune commis ténor; le grand air de basse de *la Juive*, et quelquefois, par respect pour les traditions paternelles, l'air : *S'il eût perdu la vie au milieu des combats*, de Grétry.

Presque tous les portefaix appartiennent à des sociétés chorales; la plus célèbre est dirigée par M. Trotebas, artiste sorti du peuple et qui a rendu au peuple de grands services, car il lui a donné le goût de la grande musique et le mépris des banalités. On ne saurait dire tout le bien que la musique a opéré dans les classes ouvrières de Marseille. L'ancienne rudesse des mœurs s'est adoucie dans la mélodieuse atmosphère du chant moderne; les notes de la gamme rossinienne sont le véritable alphabet de la civilisation.

Le *pilier de théâtre* est un genre de Marseillais assez curieux. Comme position sociale, il est courtier marron, ou modeste rentier du quartier des Minimes, haute ville. Courtier marron, il est doué de l'ambition la plus modeste, et gagne environ deux mille francs par an. Il est célibataire. Un seul souci trouble ses jours ; il a une épée de Damoclès sans cesse suspendue sur sa tête ; c'est le terrible joug du syndic des courtiers patentés, ces fléaux des marrons. Otez-lui ce souci, il a trouvé le bonheur sur la terre. Le matin, dès qu'il a terminé une petite *censerie* d'huile *lampante* ou *tournante*, ou de savon *bleu pâle*, il va fumer un cigare sur la place du Grand Théâtre, où il attend la pose des affiches du jour. Les six colonnes du théâtre Beauvau réjouissent ses yeux ; il les voit toujours avec un nouveau plaisir. C'est son unique horizon. Son second bonheur consiste à attendre le lever du premier ténor, et à le saluer au passage lorsqu'il va prendre son chocolat au café Brifaut, en fredonnant une gamme. Un instant après arrivent plusieurs piliers de théâtre, ses confrères, et la promenade recommence en société Tous les piliers fument, mais leurs cigares sont éteints : ils parlent trop pour veiller à l'incendie progressif du tabac. La conversation roule sur le spectacle de la veille. On admire le ténor, mais il a oublié de donner le *si bémol* de *Dieux se-*

courables, dans *les Huguenots;* c'est sa faute :
un jeune pilier qui sait tout affirme que le ténor
avait fait une partie de pêche la veille. On cite
alors la liste des ténors et des hautes-contre
qui ont fait les délices des générations marseillaises. L'ancien pilier remonte à M. Fay, le père
de Léontine du Gymnase; on donne un pieux
souvenir à Dérubelle, un regret à Espinasse,
une larme à Alizard, basse sans rivale, qui
attaquait si admirablement le *Radopiate di zelo
e d'amore* de *Mose.* Tous les piliers parlent et
chantent à la fois; ils s'accompagnent en pantomime de tous les instruments; ils jouent de
la clarinette, du basson, du cor et même de
l'orchestre. Les piliers apprentis viennent se
mêler à la société ambulante, et prennent des
leçons d'enthousiasme. A midi, on se sépare
pour dîner. On se retrouve à une heure, devant
un guéridon couvert de dominos et de demi-
tasses. Le cours de littérature lyrique recommence de plus belle au milieu des lamentations
contre les *double-six* et les *double-cinq* qu'on
ne passe pas. A cette Sorbonne tout le monde
est professeur; tout le monde chante et écoute
à la fois, et, chose incroyable, personne ne

chante faux. Les garçons de café s'arrêtent, le plateau en main, et battent la mesure; la *dame* du comptoir, esclave de son service, écoute ces airs inconnus et fait des erreurs dans ses additions; les joueurs de dames et d'échecs n'avancent une *pièce* ou un *pion* qu'après une ritournelle de clarinette. Tout cela compose un harmonieux charivari de voix, auquel se mêle le bruit cadencé des dominos qui tombent sur les guéridons. Ordinairement, la séance est terminée par une violente discussion soulevée entre deux piliers sexagénaires, entourés de l'estime des connaisseurs. Le premier soutient que l'air *Songe enchanteur*, d'*Anacréon*, et l'air *Cent esclaves ornaient ce superbe festin*, de *Gulistan*, sont supérieurs à tous les airs de la musique moderne; le second regarde cette affirmation comme une insulte personnelle et écrase son adversaire, dans un cas de légitime défense, en lui chantant les premières mesures de tous les airs de Rossini, de Meyerbeer, d'Hérold, de Donizetti, de Bellini, de Weber, de Mozart. Le jeune auditoire applaudit, et le pilier, vaincu et furieux, sort en chantant:

Ah ! que mon âme était ravie
A ce festin délicieux !
Il me semblait, dans l'autre vie,
Partager le bonheur des dieux !

Tous les ans, à l'occasion des débuts, ces disputes prennent le caractère d'une guerre civile. Le feu est aux poudres si le ténor a manqué le *Malheur à nos tyrans*, de *Guillaume Tell ;* si la basse a transposé le *Sinon la mort*, de *Robert ;* si la première chanteuse n'a pas mis le sentiment traditionnel dans la belle phrase, *Et l'ingrat*, des *Huguenots.* Tous les combattants, armés de cigares éteints, font trembler les voûtes du café parlementaire et dominent la sonnette de la *dame* du comptoir : les dominos sont épars sur les guéridons, on ne les tourmente plus, on dessine avec eux des croix et des arabesques de fantaisie ; les pièces d'échecs sont étendues sur les cases, comme des morts sur un champ de bataille ; les consommations restent intactes devant les fourneaux ; les garcons jouent le rôle de comparses et attendent, les bras croisés, l'impossible clôture de ces débats si orageux. Un jour de mistral, les vagues du golfe, les roulis des navires, les plaintes des mâts, les grincements des cordages, les cris de l'air font moins de fracas que ces discussions périodiques sur le mérite du ténor débutant à Marseille, dans la *Juive* ou *Guillaume Tell*.

Eh bien ! il y a de par le monde des discussions sérieuses, plus bouffonnes et moins utiles. Une ville est éminemment artiste lorsqu'elle voit naître ces ouragans de l'art, dans les cafés, où s'échangent d'ordinaire trop de stupidités nauséabondes. Si les peuples ne se battaient que pour la musique, ils vivraient toujours d'accord.

Le pilier de théâtre, rentier des Minimes, a dix-huit cents francs de rente, placés chez M. Pascal, le premier banquier de Marseille, maison de probité héréditaire. Ce rentier est un des rares heureux de ce monde. Il a combiné admirablement sa vie et sa dépense, et, lorsqu'il ne parle pas théâtre, il explique à ses voisins le mécanisme de sa douce existence, et souvent, comme conclusion, il les exhorte à suivre la même règle de conduite. Il déjeune avec le chocolat économique inventé par Ferrari ; il dîne à une heure, rue Thubaneau, et très-bien, à la demi-portion, *mié-pésé*. Il soupe, après le théâtre, avec une bavaroise et deux croûtes de Moullet.

— *Mon coffre est bon*, dit-il en se frappant la poitrine ; et il donne le *contre-ut*, comme pièce justificative.

Sa conversation est une citation perpétuelle, empruntée au répertoire des opéras ; il cite et chante. Quand un ami accepte une proposition de chasse, il s'écrie :

> Cinna, de mes périls le compagnon fidèle,
> A mes hardis projets prêtera son secours.

Quand il voit lever la lune, il ne manque jamais de la saluer par un *Casta diva*. S'il accompagne un ami aux paquebots de Naples, il s'appuie contre le cabestan et fredonne :

> Heureux climat, beau ciel de l'Italie,
> Cher à la gloire, au plaisir, à l'amour !

En partant pour une partie de pêche, il n'oublie pas :

> Amis, la matinée est belle,
> Sur le rivage assemblez-vous.

En ce moment, si une jeune fille passe sur la rive, il lui adresse cette apostrophe :

> Accours dans ma nacelle,
> Gentille jouvencelle...

A table, il ne manque jamais de chanter :

> Le vin, par sa douce chaleur,
> Et nous anime et nous possède.
> A tous les maux c'est un remède,
> Il guérit même de la peur !

Et au dessert, ce beau vers :

> Sur la tête du fils qu'on place cette pomme,

lui fournit l'occasion de chanter tout *Guillaume Tell*. La vie de cet homme heureux est un chant. A son dernier soupir, il se rappelle le grand Mozart et se fredonne son *Requiem*.

Le chasseur marseillais est un être phénoménal qui mérite une mention spéciale. J'ai déjà traité ce type, dans ma *Chasse au chastre*, de la *Revue de Paris ;* mais que de détails encore méritent l'attention de l'observateur et de l'historien !

CHAPITRE III

Le chasseur marseillais.

Tout Marseillais âgé de seize ans et au-dessus est chasseur.

Cette passion pour la chasse est une chose antique. Lorsque Annibal traversa le Rhône à Ugernum, aujourd'hui Beaucaire, une petite armée de Marseillais vint l'y joindre, non pas pour servir les haines du général carthaginois contre les Romains mais pour se livrer à la chasse dans des pays où le gibier abonde.

Car on dirait que le gibier sait que Marseille contient une population de Nemrods; il a complétement déserté notre territoire. Ce n'est pas le chasseur qui manque au gibier, c'est le gibier qui manque au chasseur.

Au mois d'octobre, une grive indépendante se montre parfois aux environs de Marseille, et cinquante mille chasseurs se lèvent comme un seul homme, pour la *manquer.*

Le lièvre est un animal fabuleux dans la mythologie des paysans de Marseille. Il y a pourtant des lièvres sur cette zone. Le chasseur qui a tué un lièvre dans sa vie fait une date de cet événement; il dit : *C'est l'année où je tuai un lièvre,* comme on dit : C'est l'année où je me mariai.

La passion de la chasse est donc platonique à Marseille; cette noble ville méritait mieux. Espérons que le reboisement produit par les saignées du canal de la Durance amèneront un état de choses plus conforme au goût des chasseurs marseillais.

Leurs aïeux avaient bâti un temple à Diane chasseresse, *Diana venatrix,* et ils la priaient de leur accorder du gibier aux calendes d'octobre; c'est toujours les calendes grecques pour les suppliants. Un jour on démolit le temple. Érostrate en fit autant. Cet incendiaire devait être un chasseur irrité contre Diane, déesse honoraire de la chasse, et peu propice à ses fervents adorateurs.

Dans toutes les bastides de Marseille, il y a un *poste*.

Un *poste* est un cabanon recouvert de feuillages et percé de meurtrières. Le chasseur va s'y installer avant le lever du soleil, pour ne pas effrayer les oiseaux absents. C'est là que, son fusil à la main, et muni de la patience de Job, il attend les grives, les pigeons, les chastres et les darnagasses. Il a un *chilé* dans la bouche ; le *chilé* est un instrument de musique inconnu de Meyerbeer, inventé à Marseille et dont le chasseur se sert habilement pour imiter le chant de tous les oiseaux. Si les oiseaux existaient, ils donneraient dans le piège probablement et seraient dupes du *chileur*. Mais cette perfide harmonie d'imitation s'évapore dans les airs et ne trompe que les échos. N'importe, le chasseur trouve un plaisir extrême à contrefaire la cavatine de l'alouette, le point d'orgue du chardonneret, la gamme stupide de la caille, la note sourde de la grive et tout le répertoire ornithologique. Il s'avoue à lui-même, avec une sorte d'orgueil, qu'il est un oiseau universel, et cette pensée le dédommage du malheur de ne jamais voir un oiseau.

A onze heures, le chasseur, dont le fusil a gardé son innocence, ferme son *poste* à double tour et descend à la bastide pour déjeuner. Son gibier se nomme l'appétit.

Il y a aux environs de Marseille des *postes* qui coûtent fort cher. En général, le Marseillais est économe ; mais, lorsqu'il s'agit d'un *poste*, il jette l'argent par les fenêtres de sa bastide. Le cabanon est alors un monument ; il est décoré à l'intérieur comme un salon de ville ; on y trouve même des sophas où le chasseur dort, sans être éveillé par des oiseaux importuns. Une cheminée élégante orne un angle du poste. S'il fait froid en novembre, le chasseur y allume son feu et se réchauffe en lisant un roman ; quelquefois il y prépare son déjeuner, composé de deux grives tuées dans le Var, et qu'il a achetées la veille au marché des capucins. Une bibliothèque choisie est suspendue au mur. Quatre gravures complètent l'ameublement; elles représentent les chasses au tigre, au lion, à l'éléphant. Depuis peu, les *postes* bien établis exposent le portrait de Gérard.

Souvent les grands pins manquent autour des *postes*. Point de bons *postes* sans pins. On achète alors de vieux pins dans le voisinage, et on les transplante. Mais le pin est un arbre capricieux; il ne prend racine que sur le terrain qu'il choisit lui-même. On a beau le planter, il se moque du planteur, et perd ses aiguilles vertes et sa résine. Au bout de quinze jours, c'est un cadavre embaumé. Le propriétaire ne se décourage pas; il consulte un pépiniériste et plante de nouveaux pins toute sa vie. Un jour il meurt, et ses enfants continuent la plantation des pins.

Comme auxiliaire des pins, le chasseur marseillais a inventé le *cimeau*.

Je me rappellerai toujours la stupéfaction d'Alexandre Dumas, lorsqu'il aperçut un *cimeau* pour la première fois.

Je lui donnai des explications et il se rassura un peu.

Le *cimeau* est un mât ou une perche, mais

sans antennes, sans le moindre rameau à la tige. Seulement, à son sommet, le cimeau est orné de petites branches sèches, clouées, et assez semblables à des bois de cerf.

Le chasseur vit dans l'espoir que les oiseaux, cherchant des arbres pour se reposer et n'en découvrant point, sont obligés de faire une halte sur ce faux arbre d'occasion.

Il y a des collines plantées de *cimeaux;* il y a même des forêts de *cimeaux*, en certains endroits. Si elles ne donnent pas des oiseaux, elles donnent de l'ombre. Plusieurs Tityres se couchent à l'ombre d'un *cimeau* et respirent un peu dans les ardeurs de l'été.

Une des plus considérables dépenses du chasseur marseillais est l'achat et l'entretien des *appeaux*.

Les *appeaux* sont des oiseaux mis en cage, et destinés à appeler les oiseaux libres autour des *postes*. Le département du Var, fournit les *appeaux* à Marseille, c'est une branche de commerce.

Il y a en septembre et en octobre, à Marseille, la *bourse des oiseaux*, avec hausse et baisse, comme la bourse du trois pour cent.

Cette bourse se tient en plein air sur la place aux Œufs, au milieu de la foule des *partisanes* (marchandes des environs). Les grives du Var et de Manosque s'y vendent à un prix fou ou à bas prix, selon les nouvelles, comme à la Bourse. Il ne s'agit pas de nouvelles politiques, bien entendu. Cependant, en 1840, le bombardement de Beiruth, qui fit baisser la rente de trois francs, opéra une hausse énorme à la bourse de la place aux Œufs. Cela s'explique aisément. Les boursiers ornithologues prétendirent avec raison que les grives, qui abondent à Beiruth, surprises par le fracas de ce bombardement, émigreraient vers Damas, en Syrie, et le détroit d'Ormus, et qu'ainsi aucun de ces oiseaux voyageurs, ayant manqué leur saison, ne devait plus traverser la Méditerranée en 1840. Le fait justifia la prévision, chose rare à la Bourse. Les grives manquèrent aux chasseurs et aux rôtis. On vendit jusqu'à cinquante francs une grive de 1839, mais un *appeau* plein d'expérience. Elle fut achetée par actions.

Un chasseur *bien monté* se trouve quelquefois à la tête de quarante grives? et il s'estime plus heureux qu'un président d'académie. On le montre dans la foule un jour de promenade, et lui se rengorge dans son bonheur, le fat !

Ces grives, achetées pour appeler leurs sœurs de passage, ont un défaut capital : elles sont muettes. Elles ont perdu le chant avec la liberté. Un directeur de théâtre lyrique qui engagerait des cantatrices pour appeler le public, et qui, à la première représentation, découvrirait que ses pensionnaires sont muettes, leur ferait un procès en résiliation et gagnerait sa cause. Mais l'acheteur de grives aphones recule devant un procès par esprit d'économie ; un avocat est plus cher qu'une centaine de grives. Alors il se résigne, mais il n'en fait pas moins son devoir ; tant pis pour les grives muettes, si elles ne font pas le leur. Il place toujours ses cages aux environs du *poste*, et se sert de son *chilé* pour appeler. La brise de la mer répond seule dans les bois de pins. Un jour, le chasseur, irrité contre ses grives muettes, et rougissant de l'oisiveté de son fusil, fait une exécution en masse ; il tue toutes ses premières chanteuses, chose défendue aux directeurs de l'Opéra, qui en abuseraient, et ramassant sous les cages veuves cette chasse menteuse, il remplit son *carnier* et rentre triomphant en ville, comme un joueur qui a gagné un terne à la tolerie, et montre son gain à tous les incrédules, fils de saint Thomas.

Le fusil est encore pour le chasseur marseillais un objet de forte dépense. Les premiers armuriers de Marseille sont Vergnes et Vasselon. C'est dans leurs magasins que les riches amateurs vont se munir d'un arsenal complet. Il faut au moins cinq fusils à un chasseur, et tous à deux coups. On comprend l'importance de cette précaution double. Si, par hasard, une grive passait, *avis rara*, et si le chasseur, ébloui par le phénomène, avait le malheur de la manquer, il lui resterait un coup de réserve avec la chance de manquer une seconde fois, ce qui double l'émotion. Quand on passe devant les armuriers Vergnes et Vasselon, on voit toujours un chasseur qui essaye le point de mire d'un fusil, en couchant en joue le tuyau d'une cheminée sur le toit voisin, pour ne pas effrayer les passants.

En additionnant les dépenses d'un poste, on les évalue à quinze mille francs, avec mille écus de casuel par an. Une grive tuée, avec l'aide du hasard, a coûté quelquefois deux mille louis à un propriétaire; mais le bonheur ne saurait trop se payer.

La chasse aux pigeons est aussi fort en vogue à Marseille, et les martyrs de la légende n'ont rien souffert de plus que les solitaires des *agachons* et des postes aériens.

Ombre de Janet Coriol, sors de ta tombe, et approuve mon assertion.

Ceux qui n'ont pas connu Janet Coriol n'ont pas connu l'homme de Diogène. Ce Marseillais n'a pas laissé de successeur. Gavoty seul pouvait en donner une idée, et Gavoty a payé aussi le commun tribut à la *maigre (la magré, la mort!)*

Janet Coriol était doué de toutes les passions, et les dissimulait toutes sous cette apparence de flegme méridional qui trompe si bien les observateurs du Nord : volcan sous glace; les créoles sont le type de ces caractères. Janet Coriol avait plus d'esprit que le premier homme d'esprit venu, mais il ne le traduisait jamais en langue française. *Je ne ferai jamais l'aumône à cette mendiante*, disait-il en parlant de la langue de Boileau ! Excusons ces excentricités du Midi. Il est vrai de dire que le provençal est un millionnaire de mots.

Arrivé à l'âge mûr, Janet Coriol renonça au démon, à ses pompes et à ses œuvres, et, avec une mince fortune loyalement acquise, il sortit du monde et ne fit plus parler de lui.

Retiré dans sa bastide, au bord de la mer, il ne conserva que la plus innocente de ses passions nombreuses, la chasse aux pigeons; une chasse d'anachorète ou de Siméon stylite, ainsi qu'on va le voir.

— Il faut bien que j'expie mes péchés de jeunesse, disait-il, lorsqu'un douanier compatissant passait devant l'*agachon* et lui conseillait une chasse plus amusante.

C'était donc une pénitence que s'imposait Coriol. Plus tard, il devait se *convertir* tout à fait après un événement sinistre que je raconterai, bien rare dans l'innocente vie du chasseur marseillais.

Sur un rocher qui domine la mer, Janet Coriol avait construit un *agachon*, qui passait pour un chef-d'œuvre d'*agachonnerie*. Tous les autres chasseurs riverains l'enviaient, excepté le douanier railleur, homme du Nord, qui veille, sur le *chemin de ronde*, à la contrebande du sel; excepté le marin, qui, ne connaissant d'autre gibier que le rouget, le *roucaou* (*pavo maris*), la *rascasso*, l'oursin, s'extasie devant sa *bouill-abaïsso*, composée par lui, comme un poëme, dans une cabane au bord de la mer.

Janet Coriol ne s'était servi que de pierres sèches pour bâtir son *agachon*, dans le style des stalles de chœur des églises. La banquette sur laquelle il s'asseyait était en *fréjaou*, sorte de granit froid, tiré des carrières de Cassis. Placé sur ce siége dur et fruste, le chasseur voit devant lui l'immensité de la mer, ce grand chemin des palombes et des ramiers voyageurs.

Les pigeons n'arrivent sur les côtes de Marseille qu'à la faveur du mistral; il faut donc les attendre avant le lever du soleil, sur la pierre froide de l'agachon.

Le mistral apporte avec lui l'hiver, même au mois de juin : sa violence est extrême, mais au bord de la mer elle est intolérable. C'est une bise glacée qui brûle le visage, le front, les lèvres, et contraint les yeux à se fermer. Un tyran de Sicile qui aurait condamné un coupable à rester exposé, dans un *agachon*, au bord de la mer, par un jour de mistral aurait été deux fois ignominieusement flétri par la postérité vengeresse.

Janet Coriol quittait les douceurs du lit à quatre heures du matin, allumait un cigare pour se réchauffer les sensibles membranes du nez, et, enveloppé d'une *roupe* et d'une *faquine*, il allait s'asseoir dans son agachon, avec son fusil à deux coups.

Le vent agitait la *pinède* voisine, et en faisait sortir des plaintes harmonieuses : *arguta pinus*, comme dit Virgile ; la mer roulait des vagues énormes et ressemblait à une collection horizontale de Niagaras ; on voyait luire dans le lointain le phare de Planié, l'écueil ou le salut des matelots.

— Un temps superbe pour les pigeons ! disait Coriol en se frottant les mains pour les réchauffer un peu et, en enfonçant ses pieds dans les *stivaous*, ces bottes des pêcheurs marseillais.

Par intervalle, Coriol entendait un coup de fusil dans le voisinage :

— Bon ! se disait-il ; les pigeons commencent à passer. Et il armait la double détente de son fusil Vasselon, pour ne pas être pris au dépourvu. Hélas ! ce coup de fusil était tiré par un voisin mystificateur ; triste plaisanterie que le Code de la chasse ne prévoit pas !

Au point du jour, le mistral devenait froid comme un vent polaire, et ses flèches aiguës traversaient la *faquine* et la *roupe* du chasseur et glaçaient la moelle des os.

— Temps superbe ! disait Coriol ; et il rôtissait en imagination deux palombes superbes pour son déjeuner.

Un bruit de pas retentissait dans cette atmosphère de cristal qui flotte sur nos rivages maritimes, et Coriol s'irritait contre le passant profane qui montrait son épouvantail au moment même où les pigeons allaient couvrir la colline.

Ce passant était le douanier, représentant

de la loi et de l'autorité, homme plus respecté par le chasseur que le gendarme ou le garde champêtre. Impossible de s'insurger.

Coriol saluait poliment, avec l'espoir que cette urbanité mettrait le douanier vert en en fuite. Mauvais calcul. Le douanier, naturellement mélancolique, aime à échanger quelques paroles avec un être humain dans la solitude qu'il traverse.

— Faites-vous bonne chasse? demandait-il avec cet accent du Nord qui donnait une injuste mais continuelle irritation à Janet Coriol.

— Ç'a n'ira pas mal, répondait le chasseur; le temps est bon !

— Eh bien! nous, dans le Nord, disait le douanier, nous avons tant de gibier que nous ne prenons pas garde aux pigeons.

— *Séis un arléri*, disait *à part* Coriol.

— Plaît-il? demandait le douanier.

— Je me parlais à moi, répliquait le chasseur en crispant ses doigts sur le canon glacé de son fusil.

Le mot *arléri* est l'insulte la plus grave qu'un Marseillais puisse lancer à la face d'un homme du Nord. Heureusement le *ponantais* ne le comprend pas.

Alors Coriol prononçait entre ses dents ce monologue strident ; *Sè s'en va pas aqueou darnagas, li garci un caou de fusiou.* Menace fanfaronne que le chasseur aime à faire, mais qu'il n'exécute jamais. *Si ce sansonnet ne se retire pas, je lui tire un coup de fusil.* Le provençal est beaucoup plus expressif.

Le douanier ne comprenait pas le monologue, mais il en devinait vaguement le sens aux signes d'impatience donnés par le chasseur, et il s'éloignait en faisant d'amères réflexions sur les mœurs sauvages des Provençaux.

Ici j'ouvre une parenthèse pour hasarder une théorie qui se rattache à la complète destruction des ruines romaines sur le littoral maritime de Marseille et du Var. Le jour où il me fut donné de voir à Pomponiana, près d'Hyères, un douanier lançant des cailloux à la mer pour tuer le temps, je compris l'absence des monuments romains. Depuis Gabélus, banquier de Tobie, la gabelle a eu ses agents. Le sel a été de tout temps une chose fiscale, un objet de contrebande, une denrée soumise à la surveillance. Que voulez-vous que fasse un pauvre douanier, posé en sentinelle sur le bord d'une mer, où les rochers même ne fournissent pas un caillou pour un ricochet? Le douanier, ainsi isolé, n'a qu'un jeu et une distraction. Il y avait à Versailles des vicomtes ennuyés qui *crachaient dans un puits pour faire des ronds :* on ne crache pas dans la mer, mais on y lance des pierres ; et, de douaniers en douaniers, tous les temples de Neptune, d'Amphitrite, de Thétis, de Vénus Aphrodite, se sont fondus en ricochets. Le chasseur marseillais, amateur des arts, connaît et devine ces choses par instinct. De là, peut-être la vieille rancune qu'il garde au fond du cœur contre le douanier.

Janet Coriol, comme tous les chasseurs de pigeons, était chaque jour dupe des mêmes hallucinations. Quand le soleil éclairait enfin la mer bouleversée par les vagues, Coriol tressaillait de joie et apprêtait son fusil, en disant :

— Les voilà!

Un immense vol de pigeons couvrait la mer,

et se dirigeait vers les agachons. Avant l'invention des capsules, Coriol frottait avec l'ongle du pouce le tranchant de la pierre à fusil; précaution excellente pour prévenir la fatale chance du long feu.

Tout à coup, ce vol de pigeons, arrivé de la haute mer, se précipitait sur les lignes de la citadelle de Marseille, et se réfugiait dans le port, comme une flotte de petits navires ailés chassés par la tempête.

— *Es dé gabians!* disait Coriol avec mélancolie; et il regardait tristement la mer et son fusil; *ce sont des gabians!*

Les gabians, dit l'ornithologie provençale, sont des espèces d'alcyons; on les nomme aussi goëlands. Ces oiseaux n'ont que des plumes, et pas de chair. Ils annoncent la tempête lorsqu'ils entrent dans le port. Les plaisants disent que les gabians sont les pigeons du capitaine de port de Marseille.

Es dé gabians! redisait vingt fois Coriol, et toujours sur un air nouveau, car le chasseur marseillais est musicien né; il improvise une mélodie sur toutes les paroles d'un monologue; il se chante ses réflexions. Aujourd'hui le chasseur fredonne *es dé gabians* sur l'air de *Sinon la mort*, de *Robert;* ou bien il improvise des paroles sur l'*O mon Fernand* de la *Favorite*, et chante tout l'air de Léonor, jusqu'à la *stretta* exclusivement.

Es dé gabians, lou troun de diou lei curé! Cette malédiction lancée sur ce vol de plume le soulage un peu, et il admire les vagues blanches qui se brisent sur l'écueil de Planié, et sur les rochers du cap Couronne, où s'élevait autrefois le temple de Vénus Pyrrène, détruit par le jeu mélancolique des ricochets.

Ce qui charmait surtout Coriol dans ces chasses aux pigeons, c'était le spectacle d'une tartane sortie de la baie de Morgiou, et luttant avec sa voile latine contre la tempête pour entrer dans le port. Il y avait là un pauvre pêcheur de Saint-Jean, un honnête homme, toujours avec ses fils; et là-bas, sur l'esplanade de la Tourette, une femme, une mère, pleurait en reconnaissant la barque, et priait Notre-Dame-de-la-Garde de veiller sur sa famille en péril de mort.

Alors, sur toute la ligne, les chasseurs de pigeons suivaient avec un intérêt fiévreux cette coquille ballottée par les vagues, et qui menaçait de s'engloutir à chaque instant. Tantôt on la voyait disparaître entre deux lames énormes, et les cœurs se serraient de compassion ; tantôt on la voyait rebondir à la cime d'une vague, et secouer au soleil des cascades d'écume. Les heures s'écoulaient dans cette lutte de l'atome contre l'ouragan, et quand la Providence avait tenu le gouvernail de la barque et conduit la pauvre famille de pêcheurs dans les eaux calmes du port, les chasseurs, échelonnés sur la rive, souriaient à ce dénoûment heureux, et, chargés d'émotions, légers de gibier, ils rentraient à la bastide pour raconter ce terrible duel de la tartane et de la mer.

Ainsi se passait la chasse aux pigeons, et chaque matin Janet Coriol allait chez l'armurier Vergnes, pour se plaindre d'un nouveau défaut découvert dans l'organisation de son fusil.

Quand la journée était heureuse, Coriol voyait arriver à lui un véritable vol de pigeons dans la direction la plus favorable. Quel massacre ! A vue d'œil, on pouvait estimer le nombre à deux mille. Le fusil tremblait sous

les mains de Coriol; il allait faire pleuvoir du
sang. Enfin, voilà l'hécatombe! Hélas! les pigeons *s'aiment d'amour tendre*, et ils se sont
bien raffinés depuis la fable de La Fontaine.
Au moment de toucher à la terre et de raser de
l'aile l'agachon, ils voyaient un piége dans cette
stalle, sur un rocher où la nature ne creuse
pas de stalles, et, prenant le vol des aigles, ils
s'élevaient à de telles hauteurs que les fusils
de Vergnes ne pouvaient les atteindre. Toutefois, Coriol, pour se mettre à l'aise avec sa
conscience, couchait en joue les nuages, et
tirait un coup de fusil de bas en haut, comme
fit Nemrod dans sa belle chasse racontée dans
le *Talmud*.

Coriol venait d'éprouver un vif plaisir en en-
tendant la voix de son fusil; mais au fond du
cœur, il s'irritait de voir ces insolents pigeons
se perdre dans les nuages, et lui refuser le
plaisir d'être tués en passant à portée du petit
plomb : *Serai plus couquin qu'aqueli mar-
rias!* disait-il : *Je serai plus rusé que ces mi-
sérables!* Pensée et expression révoltantes
d'injustice; mais le chasseur aux pigeons est
intraitable; *il est sans pitié*, comme l'enfant

de la fable de La Fontaine. Voilà où conduisent les innocentes passions.

Alors Coriol inventa l'agachon aérien ; c'est le cimeau perfectionné. Vraiment on ne saurait trop reconnaître tout ce que le chasseur marseillais a fait pour élever chez lui la chasse à la dignité d'un art. Le ciel aurait dû récompenser tant d'efforts par un peu de gibier. N'importe ! la science doit faire son devoir et négliger le résultat futile.

Revenons à Coriol.

En ce temps-là, un navire américain, nommé *l'Ionia,* entrait dans le golfe par la plus terrible des tempêtes ; il fut signalé par la vigie de Notre-Dame-de-la-Garde, et les pilotes lamaneurs, ces intrépides marins marseillais, toujours prêts à courir au secours des vaisseaux en péril, même par les nuits les plus orageuses, se mirent aussitôt en mer pour conduire *l'Ionia* sur de dangereux parages dont ils connaissaient seuls tous les écueils.

Quand la tempête bouleverse le golfe et creuse une tombe dans chaque vague, rien n'est touchant à voir comme cette petite embarcation qui porte aux limites de l'horizon nos braves pilotes lamaneurs. Leurs actes d'héroïsme sont aussi nombreux que les jours de tempête, mais l'histoire ne les enregistre jamais; Dieu seul en tient compte là-haut.

Les pilotes lamaneurs abordèrent donc *l'Ionia* et s'offrirent, selon l'usage, pour tenir la barre du gouvernail et conduire le vaisseau dans le port. Alors un fait inouï eut lieu. Le capitaine de *l'Ionia* refusa brusquement le secours offert.

— C'est que, voyez-vous, capitaine, dit un pilote, le temps est bien mauvais.

— Bien mauvais pour un Français, oui, reprit le capitaine, c'est possible; mais pour un Américain, non.

Il n'y avait rien à répliquer; les pilotes lamaneurs saluèrent et descendirent dans leur embarcation.

Il faut pourtant rendre justice au capitaine de *l'Ionia;* les efforts qu'il fit pour vaincre les obstacles amoncelés devant l'étroit goulet du port et le môle du *Pilon* furent extraordinaires. Mais le malheur se mit de la partie; une trombe de vent souleva *l'Ionia* comme une coquille de noix, et, en le laissant retomber, elle le cloua sur la pointe aiguë d'un rocher, où le vaisseau se fit rocher lui-même et ne remua plus.

Ce capitaine subit un procès à New-York, devant le Conseil de l'Amirauté; on appela en témoignage les pilotes lamaneurs, et il fut condamné.

L'Ionia fut démoli sur place et vendu par débris, en détail. Janet Coriol acheta le grand mât; il avait son projet en tête.

Fier de son achat et de son idée, il invita son ami Bertrandon, sculpteur de poulaines en rive neuve, à venir passer huit jours à sa bastide; et là, il lui expliqua son idée et lui demanda l'aide de son talent.

Bertrandon, largement payé, trouva l'idée sublime, et il se mit à l'œuvre avec sa triple habileté de charpentier, de statuaire et de constructeur.

Un agachon de bois, tout recouvert de feuilles de pin, fut solidement assujetti à la cime du grand mât de *l'Ionia*, et le mât fut planté dans un trou profond creusé en plein roc. Une échelle de longueur nécessaire descendait de l'agachon aérien jusqu'à la racine du mât. C'était l'échelle de l'ascension.

Janet Coriol invita Bertrandon à la première expérience, mais le sculpteur refusa ; il avait des affaires urgentes en ville. Il travaillait à la poulaine des *Cinq Frères*, trois-mâts de l'armateur M. Rougemont, doublé et chevillé en cuivre, en partance pour Batavia.

Montgolfier n'était pas plus heureux que Coriol, lorsqu'en 1782, il voyait sa première ascension à la veille de se réaliser.

Son fusil à deux coups mis en bandoulière, Janet Coriol, muni d'abondantes munitions, escalada l'agachon du mât, un jour de mistral, avant le lever du soleil, Le chasseur arrivé dans les hautes régions de l'air, dans le massif artificiel des branches de pin, éprouva un froid aigu de douze degrés au-dessous de zéro ; mais le bonheur dont il allait jouir lui fit regarder cet inconvénient comme bien léger. Cette fois, les pigeons allaient pleuvoir comme les cailles dans le désert des Hébreux. — Que ferai-je de tant de pigeons ? se disait Coriol ; et il en réglait une juste répartition dans sa famille et ses amis.

Au lever du soleil le vent redoubla de violence, selon l'usage, et le mât, quoique solidement établi par Bertrandon, prit un balancement criard, assez peu rassurant pour le chasseur.

Saisi d'un juste effroi à l'idée de voir le mât s'écrouler dans un coup de rafale, il se mit en devoir de descendre; mais l'échelle se balançait aussi au gré du vent, et se dérobait aux pieds.

Janet Coriol se recommanda dans une prière mentale à saint Siméon Stylite, et il aurait bien voulu que son mât fût changé en colonne par une puissante intercession.

Un magnifique vol de pigeons vint faire une diversion heureuse dans cette triste péripétie. Ce nuage de plumes s'avançait vers le mât avec une rapidité prodigieuse. Coriol, toujours balancé sur son perchoir, saisit son fusil avec la certitude de tuer une foule de pigeons, malgré l'incertitude du tir, car la masse du gibier avait la circonférence de la coupole du Vatican.

Les vieux pigeons ouvraient la marche; en oiseaux qui connaissent le terrain et guident l'ignorance étourdie des conscrits de l'émigration. A la vue de ce mât couronné d'un feuillage équivoque, ils s'abattirent tout à coup, entraînèrent toute la compagnie comme une chute d'aérolithes, et, rasant la terre et le pied du mat, ils se perdirent dans le bois de pins.

Coriol, toujours balancé au gré du vent, tira de haut en bas, et constella le roc dé sa décharge de menu plomb. Le roc seul resta sur le champ de bataille. Tout le matin, ce fut une série de désastres pareils. On eût dit que les pigeons avaient formé une franc-maçonnerie et se donnaient le *mot de passe*. Cinq vols suivirent la même tactique, et cinq coups de fusil eurent le même résultat. Le roc était criblé

— En aurais-je tué! s'écria Coriol, si j'avais eu l'idée de rester dans le vieux agachon!

Alors il voulut essayer encore une descente, mais le pied n'osait pas se hasarder sur le premier échelon. L'heure du premier repas sonnait dans l'estomac du chasseur : une soif ardente le dévorait, et le flacon d'eau-de-vie ne l'avait pas éteinte ; au contraire. Le mistral dure trois jours au moins, et huit au plus. Le moins était aussi effrayant que le plus. Les cris de détresses poussés sur la cime du mât se perdaient dans les mugissements de la tempête, comme le chant des colibris sur une caverne de lions. D'ailleurs, la bastide était déserte, et le paysan, qui connaissait peut-être la position de son bourgeois, feignit de l'ignorer et s'en amusait dans son cœur de paysan.

A l'approche de la nuit, trois maraudeurs, désignés sous le nom de ravageurs de postes, se montrèrent au pied du mât et se mirent en devoir de le renverser.

— Au nom des âmes du purgatoire! s'écria Coriol, laissez-moi vivre tranquille ici, je suis un ermite et je prierai pour vous; vous en avez besoin.

Les ravageurs de postes exécutèrent un trio d'éclats de rire et demandèrent, par signe, quelque chose de mieux que des prières d'ermite.

Coriol fouilla ses poches, et répondit qu'il n'avait pas le sou, mais il les pria de passer chez lui, rue Paradis, 122. Les ravageurs haussèrent les épaules et secouèrent le mât.

Le mistral, vent capricieux, *qui fait souvent la révérence au soleil couchant,* comme dit le proverbe marseillais, cessa tout à coup. La colère animait Coriol, le plus doux des hommes.

Il prit son fusil, l'arma et fit feu sur le vol de maraudeurs.

Le plomb *écarta*, deux furent blessés et s'enfuirent avec le troisième, en poussant des cris de douleur et en laissant une trace de sang sur le roc. Le bon chasseur descendit aussitôt, et, dominé par un scrupule exagéré, il éprouva un vif remords de son action, comme s'il eût été coupable. Il faut tout attendre des imaginations méridionales. La vue de quelques gouttes de sang versé par lui, même dans un cas de légitime défense, lui inspira l'horreur de la chasse.

— On manque les oiseaux et on tue des chrétiens ! se dit-il en joignant les mains, comme pour demander pardon d'un crime.

De jour en jour, l'exaltation devint plus vive, et enfin, pour se mettre en repos avec sa conscience, Janet Coriol, le plus spirituel et le plus honnête des hommes, vendit ses fusils et tout son arsenal de chasse, et se condamna lui-même, comme un juge sévère, à une vie de pratiques religieuses et d'isolement.

L'agachon aérien fut perfectionné par d'autres

chasseurs, et il est encore debout dans plusieurs bastides : mon ami Rougier lui a donné des proportions plus habitables et moins dangereuses, et je lui ai souvent fait compagnie dans ses chasses aériennes du château des Tours, près Marseille; c'est là que l'agachon de Coriol est regardé aujourd'hui comme le meilleur poste pour arrêter les pigeons. Respectons la foi.

C'est cette foi robuste qui est la vertu antique du chasseur marseillais; cette foi qui transporte les montagnes et ne transporte pas les oiseaux. Un dernier trait terminera dignement ce chapitre de vénerie honoraire. Oui, je ne vous oublierai pas ici, ô commandeur des croyants, ô mon ami Cailhol, dit de la Madrague, pour le distinguer des innombrables Cailhols de ce pays des Cailhols. Ce chasseur invétéré avait un poste sur le bord de la mer : mauvais *poste!* disent les connaisseurs. Il y a donc de mauvais *postes*. Chaque matin M. Cailhol stationnait là, en fumant plusieurs pipes et lisant la *Vie des saints* du père Croizet; jamais la moindre plume ne venait troubler sa chasse, les échos de sa bastide étaient vierges.

Un voisin, mauvais plaisant, eut l'idée de placer dans la nuit un rouget sur un petit pin, qui invitait les oiseaux, ces éternels absents, à venir se faire tuer devant le poste. Donc, avant le jour, comme à l'ordinaire, M. Cailhol, entrant en chasse et jetant un coup d'œil dans les environs par l'innocente meurtrière du *poste*, aperçut dans une éclaircie de pin une forme insolite, un corps soupçonné d'être un oiseau, au milieu des ténèbres. O bonheur ! le chasseur tira au *jugé*, et entendit ce bruit flatteur qui accompagne la chute d'un oiseau tué.

— La journée sera bonne, dit-il ; bonne journée ! le vent est au nord.

Il se hâta d'aller à la curée et demeura pétrifié d'étonnement en voyant que l'oiseau était un poisson. M. Cailhol savait, par tradition romaine, qu'il fut un temps où les poissons montaient sur les arbres, ainsi que le prouve un vers d'Horace, et, après réflexion, il finit par trouver ce rouget fort naturel.

Le voisin s'amusa longtemps de cette mystification, et comme la plaisanterie lui coûtait assez cher, il résolut de la dénouer, en posant un matin dans le même arbre un renard empaillé. Pour le coup, M. Cailhol douta ; ce doute était un progrès énorme. Quinze jours après, il douta même de la bonté de son *poste*, et perdit presque l'espoir de tuer un *tourdré* vivant ; mais il a chassé jusqu'à la veille de sa mort, par respect pour la mémoire de son père. Toutefois le doute a troublé la fin de ses jours. Le renard empaillé décorait la cheminée du salon, à la place de la pendule. Oh ! ces hommes de nos anciens jours ne reviendront plus ! Le chasseur marseillais commence à prendre le chemin de fer pour venir chasser dans la plaine Saint-Denis.

CHAPITRE IV

Digressions.

Une ville comme Marseille mérite qu'on s'occupe de son passé. Au reste, ici encore je retrouve des souvenirs et des travaux de ma première jeunesse. J'ai commencé ma carrière d'écrivain en m'occupant de Marseille, et aujourd'hui ce n'est pas sans un certain plaisir que je relis ces pages écrites dans la ferveur du premier âge et lorsqu'on trouve toujours autour de soi des affections chaleureuses et sympathiques pour vous encourager et vous applaudir.

Ce premier ouvrage était sous forme de

lettres à une dame, une de ces Iris en l'air comme en ont adoré tous les littérateurs de vingt ans.

Voici comment je racontais la fondation de ma ville natale :

« Vers l'an quatre mille de la création, des habitants de Phocée en Ionie, fatigués du joug des Perses, abandonnèrent leurs foyers paternels, pour chercher une nouvelle patrie. Arrivés aux bords que nous habitons, ces fils de la Grèce, enchantés de la pureté de l'air, de l'éclat de la lumière, crurent retrouver le ciel de l'Attique ; ils suspendirent sur cette plage leur course vagabonde, et bâtirent des huttes de pêcheurs aux bords de cette mer qui leur rappelait les flots de l'Ionie.

J'en suis fâché pour vous et pour moi, madame ; mais ces Phocéens nos ancêtres, trouvant que les terroirs de Saint-Just et de Saint-Barnabé n'étaient pas assez productifs, se firent pirates ; ce métier n'avait alors rien de déshonorant, et nos bons aïeux l'embrassèrent avec ardeur, en attendant les bienfaits tardifs de l'agriculture.

Un certain Senan régnait alors à Ségoregium (Arles). Nos Phocéens résolurent d'envoyer à ce roi une ambassade chargée de demander la permission de bâtir une ville dans son département ; le jeune Peranus fut nommé chef de l'ambassade. Il ne pouvait arriver plus à propos ; le roi Sénan allait marier sa fille ; tout était disposé pour la noce, il ne manquait plus que le mari. Cette difficulté, madame, n'en était pas une à Segoregium ; les pères ignoraient encore l'art de gêner les inclinations, et les filles choisissaient elles-mêmes leurs maris dans un festin où les prétendants se réunissaient ; celui à qui la jeune personne donnait de l'eau se voyait proclamé mari, et sur-le-champ le mariage était conclu. Le roi Sénan allait donc se mettre à table avec sa fille Giptis et une foule d'amants éligibles, lorsque le phocéen Péranus parut à la tête de sa députation. Sénan n'était pas d'humeur à donner audience aux ambassadeurs, et pour se tirer d'affaire, il invita Péranus à dîner. Les jeunes convives attendaient avec une émotion impatiente la décision de Mlle Giptis ; chacun tenait sa coupe prête à recevoir l'eau désirée. Le croirez-vous !

madame; soit caprice, soit amour, Péranus avait fixé les regards de la princesse ; les Ségorégiens furent oubliés, et votre aïeul Péranus devint l'époux de Giptis. Gendre du roi, il obtint facilement la permission de bâtir, et Marseille fut fondée. Jamais ville ne s'éleva sous des hospices plus riants. Le mariage de Thétis et de Pélée amena la chute d'Ilion; celui de Péranus et de Giptis fit naître une cité superbe.

Marseille acquit en si peu de temps un certain degré de puissance, que les peuples voisins lui accordèrent les honneurs de la jalousie, et firent tous leurs efforts pour accabler cette rivale naissante. Les Phocéens étaient braves, ils combattirent pour leurs dieux et pour leurs foyers, et remportèrent de signalés avantages sur les petits rois ligués contre eux. Quelques victoires rendirent bientôt nos aïeux la terreur de la contrée; ils songèrent alors à établir des lois politiques capables d'assurer leur prospérité future; leur code serait digne des temps modernes, et Aristote, qui se connaissait en législation, fit exprès un ouvrage pour louer celle des Phocéens. Leur gouvernement aristocratique était confié à six cents des plus riches et des plus vertueux citoyens ; les magistrats qui manquaient à leur devoir encouraient la note d'infamie, et leurs biens étaient confisqués.

Les mœurs et les coutumes des premiers marseillais n'ont pas une grande analogie avec les nôtres. L'entrée de la ville était interdite aux bateleurs, aux comédiens et aux directeurs privilégiés ; les femmes s'abstenaient de vin, et s'en faisaient gloire ; le luxe était un crime, et l'économie une vertu ; chaque citoyen, pauvre ou riche, portait un habit de quinze francs, façon comprise ; les femmes ne pouvaient consacrer que la même somme aux frais de leur toilette ; les dots des filles n'excédaient jamais cent écus ; la vertu du beau sexe passait en proverbe. Si un citoyen trouvait la vie ennuyeuse, il exposait au sénat les motifs du suicide qu'il méditait : quand ces motifs paraissaient plausibles, on lui accordait la permission de boire la ciguë ; quand ils n'étaient pas fondés, on le condamnait à vivre jusqu'à ce qu'il pût donner de meilleures raisons pour obtenir la faveur de mourir.

Fidèles observateurs de la religion de leurs pères, les Phocéens la transmirent intacte à leurs fils; ce n'est pas là le côté plaisant de l'histoire. Qui dirait que des hommes qui affichaient tant de bon sens dans leurs lois et dans leurs mœurs, allaient ensuite immoler à Diane des victimes humaines? Les mêmes horreurs se renouvelaient dans un bois voisin; on y sacrifiait des hommes à des dieux inconnus; les connus apparemment ne suffisaient pas à la dévotion publique. Les Phocéens adoraient aussi Apollon; ils envoyèrent à Delphes sa statue d'airain, et elle fut placée dans le temple de Minerve, comme un monument de reconnaissance envers le dieu de la lumière et des arts.

Cependant les Phocéens, devenus Marseillais, étendirent bientôt leur domination sur terre et sur mer; ils se rendirent maîtres de plusieurs îles dont la possession favorisait leur commerce maritime; ils fondèrent plusieurs villes, qui subsistent encore, et une savante académie qui ne subsiste plus; on y enseignait la grammaire, la rhétorique, la médecine, etc., etc.; on accourait de toutes parts aux leçons des rhéteurs marseillais; de là sortirent une foule d'écrivains dont on ne cite aujourd'hui que les noms, et dont les ouvrages fixèrent alors les regards du monde savant. L'académie de Marseille fut appelée l'école du ciel et de la terre; Cicéron en fit l'éloge dans ses discours, Tacite et Tite-Live l'immortalisèrent dans leurs écrits.

Venir à Marseille pour les jeunes Romains équivalait au voyage de Rhodes ou d'Athènes. Nous étions restés Grecs, et c'est à nous surtout que s'appliquait le proverbe latin qui donnait à la Grèce l'apanage du langage éloquent.

Marseille libre, puissante, alliée des Romains, commandait l'admiration et l'envie. Elle allait atteindre l'apogée de sa gloire, lorsque César passa les Alpes pour soumettre les Gaulois. Les Marseillais, qui se souvenaient des services que Pompée leur avait rendus, refusèrent d'ouvrir à son rival les portes de la ville; César l'assiégea. Avant de commencer les hostilités, les Marseillais envoyèrent une députation au général romain; l'orateur chargé de haranguer César s'en acquitta divinement; César convint qu'il avait tort d'attaquer Marseille; il trouva que le latin de l'orateur valait bien celui de ses Commentaires ; mais il avait la passion des siéges, et il pria poliment les ambassadeurs d'aller faire leurs discours *intrà-muros*. Les Marseillais venaient de prouver à César qu'ils parlaient comme des Romains, ils ne tardèrent pas de se battre comme eux. Après un long siége, César entra dans la ville plutôt en ami qu'en vainqueur ; il y dicta des lois, il y imposa des conditions ; mais en privant les Marseillais d'une foule d'avantages, il leur laissa la liberté.

César était *le plus aimable des mortels ;* la grandeur de son génie légitima son ambition ; il fut bon, sans doute, puisqu'il tomba sous le poignard des conspirateurs, mais son plus beau titre de gloire à nos yeux, est d'avoir sauvé Marseille après l'avoir prise, et dans un temps où le siége d'une ville était le prélude de sa destruction. César étant mort, les Marseillais députèrent à Rome pour demander au sénat la restitution de leurs priviléges ; Cicéron appuya la demande des ambassadeurs de son crédit et de son éloquence ; mais un certain sénateur, nommé Fulvius, ennemi de Marseille on ne sait trop pourquoi, demanda l'ordre du jour ; Marc-Antoine, qui parlait beaucoup et ne se battait jamais, cria plus fort que Fulvius ; alors Cicéron, l'aigle de la tribune romaine, tonna contre les deux opposants et dit *qu'on ne pouvait être l'ami de Rome, si l'on était l'ennemi de Marseille;* le discours de l'orateur fit sur l'assemblée un effet magique ; mais, nonobstant cet enthousiasme, les députés de Phocée retournèrent chez eux comme ils étaient venus.

Ici commence la série des siéges de Marseille ; prise, reprise, brûlée, saccagée, elle renaissait toujours de ses cendres, et à force de malheurs, de ravages, de pestes et d'incendies, elle est enfin parvenue à ce point de grandeur et de magnificence où nous la voyons aujourd'hui. Sans doute les Phocéens, nobles héritiers des arts de la Grèce, élevèrent des temples aux dieux et des statues aux héros ; sans doute ce rivage fut embelli de colonnes et de portiques ; mais le vandalisme a tout dévoré ; les seules antiquités qu'ait conservées notre territoire sont les montagnes arides qui le pressent de toutes parts.

Marseille conquise par César, subit pendant

trois siècles la domination des Romains. Vers l'an 309, Maximilien-Hercule, empereur démissionnaire, voulant reprendre la pourpre qu'il avait quittée, essaya de faire périr son gendre Constantin ; il s'y prit mal apparemment, car Constantin ne périt pas, et poursuivit même son beau-père jusqu'à Marseille, qui ferma ses portes pour le protéger. La ville fut prise d'assaut ; Maximilien-Hercule fut emprisonné, et termina ses jours par un suicide.

Cependant l'empire romain s'écroulait ; Attila, qui se disait le fléau de Dieu et qui ne mentait pas, Alaric, Aétius, Gondioch, Euric, Théodoric, rois des Huns, des Goths, des Visigoths, des Ostrogoths, tous entraînant après eux une nuée de fléaux subalternes, inondèrent les Gaules et l'Italie. Atolphe, roi des Visigoths, trouvant que son prédécesseur avait mal détruit Rome, la détruisit tout à fait, passa dans les Gaules, et vint mettre le siége devant Marseille. Le comte Boniface, qui la gouvernait pour le compte des Romains la défendit vigoureusement ; Atolphe blessé et battu, ne put rien détruire cette fois, et Marseille vota des remercîments au comte Boniface.

Pendant qu'elle votait, arrivait Gondioch, roi de Bourgogne. Celui-ci s'empara de notre ville, la pilla, la dévasta, et ne lui laissa que le nom. Quelques années après, Euric roi des Visigoths la reprit sur les Bourguignons. Enfin, Marseille se soumit à Clovis roi des Francs, vainqueur des Bourguignons, des Goths et des Visigoths.

Je suis au désespoir, madame, de ne vous entretenir que de siéges et de noms gothiques; les premiers fastes de cette histoire n'offrent rien de plus gai qu'une succession d'assauts et de pillages; plaignez vos pauvres aïeux sans cesse occupés à rebâtir des maisons qu'on pillait, et des remparts qu'on renversait toujours. Avouez que nous sommes plus tranquilles aujourd'hui; nos bastides sont à l'abri des invasions, et nos maisons ne tombent que lorsqu'un arrêté de la mairie les soumet à l'alignement.

Au temps de ces siéges, la ville flanquée de tours et de hautes murailles, était bornée probablement au midi par le port, et au nord par le boulevard que nous nommons *des Dames;* notre vieille ville donne une idée juste de cette topographie. Observez, en passant, qu'elle était alors la terreur de Carthage ; vous allez me dire que Carthage s'effrayait de peu de chose ; mais la puissance de Marseille consistait bien moins alors dans sa beauté physique que dans la valeur de ses habitants et dans ses forces maritimes. Le sol où s'élèvent aujourd'hui de brillants quartiers, offrait l'aspect d'une esplanade ; la colline Notre-dame-de-la-Garde était ombragée par une forêt dont la sombre horreur glaçait d'épouvante les soldats romains. Ne riez pas, madame ; l'existence de cette forêt n'est pas un article de foi, si vous voulez ; mais tous les auteurs en font mention, et Lucain lui a consacré quelques vers dans sa *Pharsale*. L'entrepreneur qui s'est chargé de couper ces arbres s'en est acquitté merveilleusement, car il ne reste plus aujourd'hui qu'un roc pelé où les plantations de thym ne réussissent pas.

Vous avez entendu parler, madame, de la vieille ville ; je ne suppose pas que vous l'ayez vue ; c'est un amas de maisons qui portent sur leurs murs noircis la noblesse de leur origine. Le mistral ébranle depuis si longtemps ces ruines vénérables, qu'on tremble qu'il ne les traite quelque jour en Visigoth. J'ai parcouru souvent ces quartiers antiques, pour y chercher des vestiges du temps passé; les habitants n'ont pas l'air d'appartenir à Marseille; leurs traditions sont muettes ou menteuses; si un étranger les questionne, ils crient : *C'est un commissaire*, et ils s'éloignent rapidement. L'apparition de deux jeunes gens de la nouvelle ville y est regardée comme un phénomène; c'est le sujet des entretiens du soir. Si on leur disait en provençal. « Les premiers propriétaires de vos maisons étaient la terreur de Carthage, » ils vous accableraient d'injures et de quolibets. Ces pauvres gens placés ainsi aux portes de la civilisation, ne s'occupent jamais de ce qui se passe à mille pas d'eux; ils vivent pour ainsi dire à leur insu, mais ils vivent tranquilles; d'ailleurs la présence d'un commissaire les glace d'effroi; c'est la seule autorité qu'ils connaissent sur la terre. On prétend que Milon, meurtrier de Clodius, exilé à Marseille, occupait une de ces maisons dont je viens de parler; la petite statue mutilée, incrustée dans le mur, donne à cette tradition quelque consistance; les savants assurent que c'est le buste en pierre de Milon. Je me hasardai un jour à demander, en passant, à un voisin : « Comment nommez-vous cette maison ? C'est, me répondit-il en provençal, là maison du Saint de pierre. » Mon illusion fut détruite; le *cicérone* me désignait un Saint de pierre, là où je cherchais le client de Cicéron; il est vrai que le peuple est toujours porté à canoniser toutes les statues qu'il voit.

C'est dans la rue des Grands-Carmes, sur la façade d'une maison fort obscure, qu'on voit le buste grossièrement sculpté d'un homme nu qui porte sur sa tête une espèce de couronne en forme de cercle, et qui est supporté par une console décorée de la figure d'un loup. D'après Ruffi et Grosson, Marseillais, qui ont écrit sur l'histoire et les antiquités de leur patrie, ce buste est l'image de T. Annius Milo.

M. Millin écarte cette opinion avec un dédain marqué. Je ne sais cependant s'il suffirait pour la détruire de dire que Milon, personnage distingué par sa naissance et par ses richesses *n'a pu habiter une si chétive demeure;* il me semble que les maisons de Marseille ont souvent changé de forme depuis cette époque reculée, et que le buste de Milon, avant d'être mis à la place qu'il occupe à présent, pourrait avoir été trouvé dans un édifice plus digne de lui. M. Millin me paraît plus heureux dans sa réfutation, quand il observe que les Marseillais auraient probablement employé le ciseau de quelque artiste grec à reproduire les traits de ce romain célèbre; il assure ensuite que cette figure ne peut appartenir qu'au moyen âge.

Cette digression m'a conduit un peu loin; hâtons-nous de revenir à nos aïeux que nous avons laissés sous la domination de Clovis.

Théodoric roi des Ostrogoths, brûlant de venger la défaite de ses amis les barbares, rallia leurs débris, organisa une forte armée, soumit le Languedoc, la Provence, et prit Marseille; Ruffi prétend qu'*il avait cette ville en si grande estime qu'il en fit le grenier de la province.* Après avoir donné à cette ville une marque si frappante de considération, Théodoric partit pour aller conquérir ailleurs; les Français qui épiaient ce moment tentèrent de ressaisir leur proie; mais les Marseillais se défendirent si bien que le roi des Ostrogoths loua leur fidelité, et les affranchit de toutes contributions directes ou indirectes, pour une année.

Vitigès successeur de Théodoric, d'Athalaric, d'Amauri et de Théodate, Vitiges élu roi d'Italie par ses soldats, crut qu'il était de sa politique de contracter une alliance avec les Français; ceux-ci la lui vendirent moyennant une bonne somme d'argent et la cession de la Provence et de Marseille. Cette ville devint tout à fait française sous le règne de Clotaire, vers le milieu du sixième siècle. Le patrice Nicétius en était alors gouverneur, et Théodore en occupait le siége épiscopal, lorsque des vaisseaux espagnols apportèrent la peste dans le port; la ville fut abandonnée, l'abbaye de Saint-Victor servit d'asile à une foule d'habitants; ce fléau fit voir alors pour la première fois aux Marseillais, tout ce qu'ils devaient attendre de ses ravages et de sa fureur.

Vers le commencement du onzième siècle, le gouvernement de Marseille fut confié à des comtes ou vicomtes qui jouissaient d'une grande puissance et d'une grande autorité. Je n'entreprendrai pas, madame, par respect pour votre sexe, de dérouler à vos yeux l'éternelle généalogie de ces maisons illustres, qui ne peut intéresser que deux ou trois familles de notre province. Ruffi vous dirait longuement que ces vicomtes mettaient dans leurs titres, *par la grâce de Dieu, vicomtes de Marseille;* qu'ils procuraient à leurs fils les grandes dignités ecclésiastiques, que leurs armoiries portaient *de gueules à la croix cléchée et pommetée d'or*, que cette croix était semblable à celle qui apparut au grand Constantin. J'avoue que tous ces petits détails entraînent avec eux un grand intérêt; mais comme j'ai promis de vous parler de Marseille, et non pas de ses comtes et de ses vicomtes, je franchis d'un saut l'intervalle de quelques siècles ennuyeux, et j'arrive à l'époque de ces croisades dont le nom rappelle des souvenirs héroïques, de beaux faits d'armes, et les vers immortels du chantre de Godefroy.

Je n'examinerai point, madame, si le but des croisades était politique ou religieux; cette discussion appartient à l'histoire; ces guerres saintes, en dépit des critiques, injustes ou fondées, sont environnées de tant d'éclat, elles donnent à notre histoire un intérêt si puissant, qu'on oublie facilement leur côté déplorable, pour songer aux actions glorieuses qu'elle ont produites, aux héros qu'elles ont illustrés.

A la voix du pape Urbain II, une armée de croisés s'était rendue en Orient; Jérusalem fut prise, et vos aïeux, madame, compagnons d'armes de Renaud et de Tancrède, partagèrent avec eux la gloire de délivrer le tombeau du Christ. Il est fâcheux que l'histoire qui nous a transmis tant de noms dont on ne sait que faire, nous ait dérobé ceux des Marseillais qui combattirent sous les murs de Solime; deux seulement sont parvenus jusques à nous, Aycard et Pierre Barthélemy : voyez si vous n'auriez pas par hasard quelques collatéraux porteurs d'un de ces noms.

Godefroy fut élu roi de Jérusalem, et régna treize mois; Baudoin son frère occupa le trône après lui, et c'est en partie aux secours des Marseillais qu'il dut ses conquêtes et ses victoires; Baudoin du Bourg lui succéda; il soutint des guerres continuelles contre les Sarrasins et les Égyptiens ; mais il fut fait prisonnier, et mourut l'an 1131. Foulques comte d'Anjou et du Mans prit les rênes du royaume, et les Marseillais rendirent à ce prince des services si précieux qu'il leur accorda une exemption perpétuelle de droits et d'impositions dans tous ses États ; le pape Innocent IV sanctionna ce privilége, et excommunia d'avance tous ceux qui oseraient y porter atteinte ; bien plus, il déclara par une autre bulle qu'il prenait sous sa protection la ville de Marseille, ses habitants et leurs propriétés. Si nous voulions revendiquer aujourd'hui la jouissance de tous ces droits, on nous opposerait une prescription de sept cents ans.

Les Marseillais voyant que les rois de Jérusalem se piquaient de reconnaissance, les accablèrent de présents et de secours ; ils réunirent encore leurs forces de terre et de mer, et vinrent les offrir à Baudoin, successeur de Foulques ; Baudoin défendait alors la ville d'Ascalon contre les Sarrasins, et sans les Marseillais, cette ville tombait au pouvoir des ennemis de l'Église.

Ce roi mourut l'an 1163. La même année, Rodulfe évêque de Bethléem, pressé par le besoin, emprunta aux Marseillais 2208 besants sarrasins, monnaie dont j'ignore le tarif, et leur donna en nantissement un beau château et les maisons appartenant au chapitre épiscopal.

Je fatiguerais votre complaisance, madame, si je vous faisais une plus longue énumération des services rendus par nos compatriotes aux rois de Jérusalem; vous saurez seulement que les Marseillais furent bien payés de leur dévouement à la cause sacrée, par les immenses avantages qu'ils en ont retirés; leurs vaisseaux, en dépit des douaniers, entraient dans tous les ports de la Méditerranée, sans payer de droits de tonnage et de marchandises; ils établirent des consuls dans plusieurs cités de l'Orient; enfin un décret spécial porta que les Marseillais accepteraient à titre de gratification, une église, un four et une rue, dans les villes d'Acre et de Jérusalem. Ces priviléges et une foule d'autres que je passe sous silence, furent confirmés par les papes contemporains. Tant d'avantages donnèrent au commerce marseillais un essor extraordinaire; notre ville devint l'entrepôt du monde entier; elle vit bientôt briller dans son sein le luxe, la richesse, tous les trésors de l'industrie; la Bourse était inondée de négociants qui se plaignaient de l'abondance des affaires; les courtiers, aux abois demandaient au ciel le calme, la hausse et le repos; les commis ne trouvaient pas un instant à consacrer au disque et au jeu de l'oie renouvelé des Grecs; une inconcevable activité régnait dans les comptoirs, sur les quais et sur les places publiques; on disait partout, *le temps est trop bon, les affaires vont trop bien, si cela continue, la ville en masse fait fortune.* Pise, Gaëte, Gênes entendirent ces exclamations, et semblables à ces hommes faibles qui implorent le secours des forts, ces trois villes témoignèrent aux Marseillais le désir de contracter une alliance ; vos aïeux, madame, ont toujours été les meilleures gens du monde; ils acceptèrent cette proposition, et signèrent un pacte de famille avec les Génois et les Pisans. Telle est l'origine de Marseille.

Maintenant, permettez-moi de franchir de longs intervalles et de nous reposer des aridités de l'histoire en traitant à la fin de ma lettre un sujet qui plaira peut-être davantage à votre cœur et à votre imagination

Tous les illustres personnages qui sont venus à Marseille n'ont jamais manqué de se rendre à la Sainte-Baume, soit par des motifs de dévotion, soit par des motifs de curiosité. Sous le règne de René, Charles VII, après avoir séjourné dans notre ville, transporta sa cour au milieu de ces forêts, beaucoup plus vastes alors qu'aujourd'hui. Bien des auteurs ont parlé de la Sainte-Baume ; Voltaire lui-même l'a chantée dans un poëme aussi spirituel qu'immoral, ce n'est pourtant pas ce qu'il a fait de mieux. Je profite du voyage de Charles VII à la Sainte-Baume pour vous tracer son itinéraire. Trois chemins y conduisent, je choisis le plus agréable ; veuillez bien m'accompagner en imagination.

De Marseille à Aubagne la route est dépourvue d'agréments ; c'est une voie publique jonchée de petits cailloux mobiles, ou couverte d'une poussière brûlante que le moindre souffle élève et disperse dans les champs voisins ; sur les deux bords du chemin s'élèvent de hautes murailles, ignobles monuments de lésinerie. A Aubagne le tableau change; une vaste plaine arrosée par l'Huveaune, fertilisée par mille ruisseaux, se déroule jusques aux montagnes de Gargarias et de Roquevaire; les yeux se reposent avec ravissement sur des vergers, sur des coteaux couverts de vignes ou de pinèdes. C'est dans ces beaux lieux que l'auteur d'Anacharsis venait chercher des idées gracieuses et de douces inspirations; ce ciel si pur était pour lui le ciel de la Grèce; la rivière qui coulait à ses pieds lui rappelait l'Eurotas, et le figuier de l'Attique lui donnait ses fruits et son ombrage. Traversez la plaine; dirigez vos pas vers ce village qui semble se dérober sous des massifs de verdure, c'est Gemenos; votre oreille est déjà flattée de cette douce appellation; la pureté de ses eaux, l'éclat de son ciel, la fraîcheur de ses bocages, ont fait donner à sa riante vallée le nom de Tempé provençal. Sans doute les Phocéens, las d'errer sur les flots, et soupirant après les paysages de leur patrie, découvrirent ces lieux enchanteurs. De quels cris de joie, ils durent saluer les coteaux de la nouvelle Thessalie, les arbres et la naïade protectrice de ces bois! Un roc escarpé conserve encore des ruines et des débris de remparts; c'est là peut-être que la colonie Ionienne bâtit un village d'où sortaient de brillantes Théories chantant des hymnes religieux.

Le vallon de Gemenos souriait alors à sa beauté virginale; aujourd'hui la cupidité, qui détruit toutes les illusions, a élevé des fabriques dans le Tempé provençal; ce mot de *fabriques* sonne mal à vos oreilles, madame, et refroidit votre enthousiasme; mais rassurez-vous, la nature ne perd jamais ses droits; les hommes ont beau vouloir souiller ses ouvrages, elle se rit de leurs efforts, elle est toujours séduisante, en dépit d'eux. Ces fabriques couvertes de lierre et de feuillages, ombragées par de hauts peupliers, loin de nuire à l'effet du paysage, l'animent au contraire et le rendent plus gracieux encore. Un jeune homme qui n'est pas poëte, mais qui fait des vers par occasion, a chanté dans deux strophes d'une ode ces manufactures poétiques. Je vais les citer ici, parce qu'elles me sauveront la peine de faire de la prose:

Dans ces lieux amis du silence,
J'aperçois un antre brûlant;
Sous le fer qui tombe en cadence
Le fer s'y courbe étincelant.
La colline en est ébranlée;
J'entends au loin dans la vallée
Mugir l'écho de Gemenos :
Ainsi de la rive isolée,
Jusqu'au sein de la mer troublée,
Tonnaient les forges de Lemnos.

Là, sortent de l'onde écumante
Ces feuilles que l'art sait polir,
Que de Didot la main savante
Transmet aux siècles à venir.
O prodige de la pensée !
Ici, sous la voûte embrasée,
Le sable bouillonne en flots d'or,
Et renaît en cristal fragile
Où pour nous la grappe fertile
Verse son liquide trésor.

Ou bien, s'il faut parler plus clairement, on y trouve un martinet, des fabriques de papier, de verres, et même de bonnets qui ne sont pas phrygiens.

Au fond de la vallée, et sur la lisière du bois de Saint-Pons, on suspend sa route avec plaisir, pour fouler les rives fleuries d'un vaste bassin bordé de cyprès, pour admirer les montagnes qui forment la perspective du tableau, les unes arides comme les rochers de la Provence, les autres hérissées de pins dont on entend le murmure mystérieux. Là, on peut s'écarter un instant du chemin, et s'enfoncer dans l'épaisseur du bois, peuplé de Faunes et de Dryades; depuis longtemps ils ont abandonné ces ombrages, et le secret effroi que vous ressentez n'est plus l'effet de la présence des dieux.

Aussi limpide que le Pénée ou le Cydnus, la source de Saint-Pons jaillit d'un roc entr'ouvert, tombe écumante de cascade en cascade, et roulant sous des touffes de myrte et de laurier-rose, elle va porter en tous lieux la fraîcheur et l'abondance; c'est la divinité tutélaire qui donne au bois l'enchantement et la vie, qui lui promet des gazons toujours verts et des ombrages éternels. Les chants aériens des rossignols, la suavité des exhalaisons, la douceur de la lumière, le bruit sans fin des cascades, tout dans ces lieux de délices fait éprouver à l'âme ces tendres émotions et cette voluptueuse mélancolie qui naît de l'excès du plaisir. Au milieu du bois, s'élèvent couverts de mousse les murs de l'antique monastère de Saint-Pons; ses voûtes ne redisent plus les cantiques sacrés; un silence solennel règne dans ses cloîtres déserts; le jardin se cache sous des ruines, et des arbres sauvages, déployant leurs hardis rameaux sur le sommet chancelant de l'édifice, semblent proclamer la victoire de la nature sur les ouvrages fragiles de l'art.

Quittons à regret ces retraites fortunées, la visite que nous leur rendons n'est que l'épisode de notre voyage; sortons du bois, par ce pont rustique jeté sur le lit d'un torrent, et de vallon en vallon, de rochers en rochers, hâtons-nous d'arriver au *val de Bretagne* qui domine les bois d'alentour. Parvenus au bas de la montagne, une plaine immense s'offre à nos regards; c'est le grand chemin de la Sainte-Baume. On aperçoit dans le lointain la forêt sacrée, et la chapelle aérienne objet de tant de pèlerinages. Avançons : ce n'est plus ici le site brillant de Gemenos; un bois sombre, des blocs de rochers épars sur l'herbe, des chênes creusés par la foudre, ou déracinés par l'effort des vents; un silence que l'écho ne trouble jamais. Gravissons la montagne, en suivant ce sentier jonché de feuilles mortes, et suspendons nos pas sur ce perron bâti devant la grotte sainte. C'est là qu'heureuse transfuge des pompes de Jérusalem, la Magdeleine vint mêler ses pleurs de repentir aux gouttes d'eau que la voûte distille; c'est là qu'elle vécut ignorée et pénitente... Laissons au peuple ses croyances pieuses et ses traditions; critiques imprudents, n'allons pas désenchanter son existence. Heureux l'homme simple qui vient chercher sous cette voûte les traces de la Magdeleine et des souvenirs religieux ! »

CHAPITRE V

Heur et malheurs.

Marseille est aujourd'hui la plus heureuse ville du globe; elle a fait fortune: elle n'a plus besoin d'aller au monde, le monde vient à elle. L'Afrique est son faubourg, l'Inde sa banlieue, l'Amérique sa voisine. C'est pour Marseille qu'on a inventé la vapeur et l'électricité; c'est pour elle qu'on brise les écluses de Suez et de Panama. On lui a fait un lac de la Méditerranée, un ruisseau de l'Océan atlantique, un jardin d'hiver d'Alger. Marseille n'a plus qu'à se croiser les bras; les mines de Melbourne et de San-Francisco vont tomber dans ses trois ports, comme si elle avait besoin de commencer sa fortune.

Marseille a même de l'eau, chose plus précieuse que l'or ; elle a cru pendant vingt siècles qu'elle manquait d'eau, et cette pensée la rendait malheureuse. Pourtant l'eau tombait en cascades des hauteurs de la vieille ville ; elle inondait la rue Négrel, le Banc-Long, la place de Lenche ; elle remplissait la fontaine Sainte-Anne, le Grand-Puits, les Méduses ; elle jaillissait partout ; elle créait l'admirable verdure des Aygalades, de Fontainieu, du château Borély, de Gemenos, de Saint-Pons ; il fallait être hydrophobe pour ne pas la voir. N'importe ! Marseille niait l'existence de l'eau, par vieille habitude séculaire. Moi-même, je l'ai niée par esprit de contagion, et je suis mort de soif mille fois dans ma vie pour ne pas démentir les lamentations hydrophiles de mes compatriotes.

Alors Marseille a voulu effacer Rome, sa sœur, par la conquête de l'eau. Rome demandait aux montagnes voisines les trésors de toutes leurs naïades, et les faisait rouler sur des lignes d'arcs de triomphe. Jeu d'enfant ! Marseille a percé à jour vingt lieues de montagnes de bronze, pour faire une saignée à la Durance ; elle a élevé l'indestructible aqueduc de Roquefavour, inférieur par la grâce, mais supérieur par la force à son modèle du Gard. L'eau féconde est tombée dans le terroir de Marseille, comme une pluie horizontale ; le roc est devenu prairie, la lande s'est convertie en jardin, la colline nue s'est habillée de verdure ; le Nil provençal a créé son Delta.

Aujourd'hui le bonheur de Marseille est donc complet. Il n'y a pas d'exemple d'une pareille fortune de ville : l'utile, le nécessaire, le luxe, le superflu, tout est advenu aux Marseillais.

C'est que Marseille a eu la bonne idée de commencer sa vie par le malheur ; la compensation lui était due, et large, complète, abondante, comme la somme d'infortune qu'elle avait dépensée depuis le règne de Tarquin. Tyr et Carthage, ses sœurs étourdies, avaient suivi la marche contraire ; leur vie commença par le bonheur. Cherchez leurs traces aujourd'hui. Le martyrologe de Marseille lui promettait un meileur avenir. Dieu est juste pour les villes comme pour les hommes. Prenez un à un tous les hommes célèbres partis sur le pied du bonheur : César, Alexandre, Annibal, Marius, Alcibiade, Cicéron et cent autres, vous comprendrez toute la sagesse de ce vieux proverbe latin qui défendait de donner à un homme le titre d'*heureux* avant sa mort : *Nemo ante obitum felix.*

Marseille a subi vingt pestes et vingt incendies ; ne parlons pas des infortunes subalternes ; elles égalent par le nombre les grains de sable de sa plage. Une seule de ces pestes lui donnait le droit de jouir plus tard de son bonheur exceptionnel. Jamais l'Orient, le pays de la peste, n'a vu l'épouvantable tableau de 1720 et 1721 ; il n'y a pas d'exemple d'une pareille dévastation. Attila et Théodoric, ces bourreaux des peuples, n'ont rien commis de plus affreux dans les villes prises d'assaut. Et maintenant, lorsque d'autres cités se montreront jalouses de la spendeur actuelle de Marseille, on pourra leur dire : Avez-vous commencé par vingt pestes et vingt incendies ? Êtes-vous arrivées de drames en drames au dénoûment de 1720? Si vous ignorez ce dernier tableau, nous allons le mettre en raccourci sous vos yeux; si la toile avait sa largeur convenable, vous ne la regarderiez pas.

Un navire chargé de laines apporta la peste à Marseille, dans le printemps de 1720. Les premières victimes habitaient la rue de l'Échelle, la plus étroite et la plus infecte des rues du vieux quartier.

Une coutume excellente au point de vue religieux, mais très-mauvaise au point de vue hygiénique, contribua bientôt à donner au fléau naissant un caractère de contagion rapide. Les souterrains des églises étaient alors des cimetières. Un deuil immense couvrit la cité. Le commerce fut suspendu; les quais du port devinrent déserts; la flotte marchande mit à la voile et gagna la haute mer. On appliqua bientôt à cette florissante Marseille le verset de Jérémie : *En quel abandon se trouve cette ville autrefois pleine de peuple. Les rues de Sion pleurent, et personne ne vient la consoler.*

Dans un salon de la rue du Réservoir, à Versailles, à l'hôtel du marquis de La Fère, il y avait vers la même époque une réunion joyeuse et élégante, composée de charmants esprits et de femmes spirituelles. La teinte sombre que les dernières années de Louis XIV avaient laissée sur Versailles s'effaçait peu à peu devant l'aurore du jeune et nouveau roi. Le plus aimable, le plus recherché, le plus gracieux, parmi tant d'hommes d'élite, honneur de ce salon, était Mgr de Belsunce de Castelmoron, évêque de Marseille. Les évêques n'étaient pas alors rigoureusement tenus à résidence, et Versailles avait des attraits séduisants qui retenaient les prélats, comme les autres gentilshommes de cour. De Belsunce avait quarante-cinq ans en 1720, et aurait pu en dissimuler quinze; il était bien fait de sa personne, charmant de distinction, spirituel dans la controverse et remarquable surtout par un vernis d'élégance mondaine que la tolérance de l'époque n'incriminait pas. Il savourait les hommages et les adulations des grands seigneurs et des belles dames de la cour, dans un moment où son esprit, d'origine navarraise, rayonnait de tous ses feux, lorsqu'une lettre, scellée de la croix d'argent sur champ d'azur, lui fut offerte sur un plateau d'argent.

C'était une lettre du chevalier Rose, édile de Marseille.

Elle était ainsi conçue : — *Monseigneur, le troupeau appelle son pasteur. Dieu frappe Marseille. La peste nous tue. Les riches s'en vont. Les pauvres meurent. C'est une désolation générale. On croit voir dans les airs l'ange qui tua par la peste les légions de Sennachérib. Venez mourir avec nous.*

— Voilà une lettre qui était urgente, dit en riant Mme de La Fère, et qui pourtant ne paraît pas vous préoccuper fort. On est très-étourdi à l'antichambre, et c'est ainsi que les valets brisent les plus intéressants entretiens.

— Madame, dit de Belsunce, en serrant la lettre, il n'y a point d'urgence, il est vrai, dans cette missive; mais je vous supplie de ne pas gronder vos gens. L'erreur était possible.

Et aussitôt il reprit la controverse sur le ton badin, et la soutint avec son esprit ordinaire jusqu'à l'heure du *médianoche*. Dans l'intervalle, il avait donné adroitement ses ordres, et demandé son carrosse de voyage et les meilleurs chevaux de l'auberge des *Armes de Paris*.

Au moment de la séparation, il se leva en jetant un dernier regard sur les jardins de Versailles, se pencha sur l'oreille de Mme de La Fère, et lui dit en riant:

— Ceci est une confidence, je pars.

— Et où allez-vous donc, monseigneur? demanda la marquise; rue Saint-Louis probablement, comme tous les soirs? Quelle singulière confidence me faites-vous là? tout le monde pouvait l'entendre.

De Belsunce remit alors la lettre du chevalier Rose à la marquise et lui dit sur un ton sérieux :

— Quand vous serez seule, vous lirez cela, et demain vous pourrez instruire nos amis.

Il salua respectueusement et sortit.

Un instant après, il était sur la route de Paris; à l'aube, il prenait la route de Marseille, et il voyagea jour et nuit, sans prendre une heure de repos. A cette époque, un pareil voyage était plein de périls. Les bois et les grands chemins étaient fréquentés par les bohémiens, les voleurs, les contrebandiers, les déserteurs et les hommes de maraude; la maréchaussée n'existait que de nom. Passer douze nuits sur cette route alors infinie et pleine d'embûches, c'était déjà faire un acte d'héroïsme et de noble dévouement. De Belsunce accepta cette mission avec le calme du gentilhomme et la résignation du chrétien.

En entrant à Marseille par les aqueducs de la porte d'Aix, de Belsunce vit une cité habitée par la mort. Les galériens brouettaient les cadavres ; les pauvres pestiférés expiraient de soif sur le seuil des portes ; d'horribles suaires dessinant des corps humains descendaient des étages supérieurs, sur les tombereaux ; de malheureux petits enfants pleuraient sur des mamelles flétries ; les pavés impurs étaient jonchés de haillons hideux, dépouilles des morts. Un parfum de léproserie courait dans l'air avec le vent du sud, et toutes les fenêtres ouvertes apportaient aux alcôves les miasmes empoisonnés du fléau.

De Belsunce échangeait les parfums d'ambre et d'iris des salons de Versailles, et les douces habitudes de la vie élégante, contre cette désolation pestilentielle, cette ville de cadavres, cette atmosphère de mort.

Il descendit à pied la rue d'Aix, et se rendit à l'église Saint-Martin, où il entra d'un pas ferme, au milieu d'un cortége de civières, et au fracas des dalles qui s'ouvraient et se fermaient pour les cadavres du jour.

Quand les prêtres de l'église Saint-Martin eurent reconnu leur évêque, il entonnèrent un *Te Deum* de réjouissance, et, après la cérémonie, de Belsunce donna ses ordres pour la fête publique du lendemain.

Au milieu du Cours, devant les fontaines des Méduses si chères à nos souvenirs d'enfance, un autel fut dressé sur une haute estrade, et on publia dans touté la ville, à son de trompe, que Mgr de Belsunce, arrivé de Paris, célébrerait la messe le lendemain, sur la promenade du Cours.

La ville se repeupla comme par enchantement; le courage revint au cœur des timides, quand on apprit que l'héroïque pasteur avait abandonné Paris pour secourir ses ouailles. Le peuple des Grands-Carmes et le peuple de Saint-Jean descendirent des hauteurs de la Tourette, de la butte des Moulins, des Accoules, pour assister à la messe épiscopale, à la fête du Cours. Beaucoup de riches même, honteux d'une lâcheté coupable, quittèrent les hautes pinèdes de Ruffi, de la Blancarde, de la Viste, de Sainte-Marguerite, ces retraites embaumées d'air marin et de résine, et rentrèrent à Marseille, pour voir leur évêque intrépide, prier avec lui, secourir avec lui ou mourir à ses côtés.

Cette fête de la mort n'a jamais et n'aura jamais son égale. Une foule immense remplissait le Cours, et s'étendait, par la rue de Rome, jusqu'à la place Castellane, et par la rue d'Aix, jusqu'aux aqueducs. Les clochers des églises et des couvents sonnaient à toute volée, les canons du fort et de la citadelle répondaient aux cloches; toutes les maisons étaient pavoisées des pavillons, des signaux, des flammes de tous les navires; un chœur inouï, composé de quatre-vingt mille voix, entonna le *Deus in adjutorium*, et au-dessus de ce monde agonisant, de Belsunce, revêtu de ses habits pontificaux, entouré du clergé des paroisses et des religieux de tous les ordres, bénit la ville, le peuple, la campagne, et fit l'espérance dans tous les cœurs.

La famine, compagne ordinaire des grands fléaux, vint bientôt désoler Marseille, et, grâce à la généreuse assistance du pape Clément XI, le blé arriva des ports d'Italie à Marseille, et le peuple n'eut à lutter que contre un seul ennemi. Quand vint le jour de la reconnaissance, le nom de Clément XI ne fut oublié ni dans les bénédictions, ni sur le monument commémoratif.

Pendant quelques semaines, la peste sembla ralentir sa marche, et il y eut un espoir de prochaine délivrance, dans la malheureuse ville. Les fléaux donnent souvent ces illusions. La recrudescence fut terrible, et le tableau de mort prit bientôt des proportions désolantes. Alors de Belsunce grandit encore avec le péril. Les cadavres jonchaient les rues, les quais, les places publiques; les consolations religieuses manquaient aux mourants; les secours manquaient aux malades; les ensevelisseurs manquaient aux inhumations. La soif et la faim tourmentaient les familles vivantes. Que de bras forts devaient se lever pour aider, porter, travailler, secourir! A la voix de l'évêque, les vaillants ne firent pas défaut à l'œuvre. Les consuls et les échevins se dévouèrent les premiers; tous les corps religieux, moins quelques pères de l'Oratoire. suivirent le noble exemple. Le chevalier Rose, comme un général vigilant dont le poste est partout, traversait à cheval la ville, pour donner ses ordres, et de Belsunce, tête nue et la croix à la main, se montrait partout. On le voyait à la fois, comme un miracle vivant, dans la rue étroite et sordide, où les ouvriers travaillent le fer; dans le quartier des Ferrats, où le soleil ne brille jamais; dans les quartiers de Sainte-Claire, où se putréfient les alluvions des usines; dans les sombres carrefours bordés par la coutellerie, et où se trouve la ruelle qui devait un jour porter son nom. Il donnait aux plus pauvres l'argent de son épargne; aux riches agosants le pain de la vie éternelle; aux heureux de la vie coupable le pardon et le repentir; aux orphelins les secours d'un père; à tous la grâce de sa parole, et le charme de sa consolation. Souvent, debout auprès du lit des moribonds, il touchait du doigt leurs plaies hideuses, pour nier la contagion et donner la confiance du secours à ceux qui n'osaient s'approcher des malades. D'autres fois, lorsque les fossoyeurs, reculant devant un amoncellement de cadavres, abandonnaient ce foyer d'infection, et donnaient ainsi un nouvel aliment à l'atmosphère putride, l'évêque, suivant le précepte divin des sept œuvres de béatitude, prêchait d'exemple, et ensevelissait les morts pour trouver des aides parmi les vivants. Les témoins de cet acte héroïque rougissaient d'une pusillanimité criminelle, et, fiers de seconder les efforts du pasteur, ils cachaient dans la fosse ces lambeaux pestilentiels qui donnaient une intensité nouvelle à l'homicide poison de l'air.

Bientôt les terres de sépulture et les tombes des églises ne suffirent plus à recouvrir les effrayantes consommations de la peste. Plus de soixante mille habitants avaient péri; tous les religieux, victimes de leur zèle, étaient descendus dans la fosse commune; les prêtres manquaient à la célébration des offices; ils avaient prié pour les autres, et on priait pour eux. Les religieuses, ces sœurs de la charité, ces héroïnes qui ne laissent aucun nom ici-bas, recevaient plus haut leur récompense; les frères des corporations séculières venaient de suivre leurs frères inhumés par eux; enfin, tout ce qui fut, dans le dix-huitième siècle, un objet de raillerie, de sarcasme, de dérision, avait disparu du sol marseillais, dans le pieux exercice de ses devoirs de cloître, de confrérie, de paroisse. Le chevalier Rose restait debout sur tant de cadavres; l'évêque de Marseille chantait seul auprès de lui le psaume *Qui confidit in Domino*, et aucune voix de lévite n'entonnait le répons. *Mille tomberont à ta droite, et dix mille à ta gauche, et le fléau ne t'atteindra pas*, disait de Belsunce après le prophète David, et il marchait, d'un pied ferme, à l'accomplissement de son œuvre, toujours plus confiant envers Dieu. Qu'auraient dit les gentilshommes de Versailles, les courtisans de l'Œil-de-Bœuf, les sybarites de Luciennes, les belles dames de la cour, s'ils avaient vu M. de Marseille se frayant une route à travers les cadavres, et devenu le sublime fossoyeur d'une ville, ne désespérant pas du secours céleste, et ne demandant, pour toute récompense, que de mourir le dernier de tous, comme la dernière victime de l'expiation?

La terre ne pouvant plus recevoir les cadavres, on résolut de les ensevelir dans la mer; triste ressource, car la mer ne garde rien, et rejette au rivage tout ce qui souille la pureté de ses eaux. On choisit la vaste esplanade de la Tourrette, pour cette inhumation d'un nouveau genre, et les derniers galériens entassèrent là d'horribles pyramides de suaires, crevassés de lézardes sanglantes, et qui auraient créé un fléau, dans une ville pure, si la peste n'eût pas existé.

De Belsunce célébra une messe de *requiem*, sur l'autel de l'église Saint-Laurent, et, suivi du dernier acolyte, il se rendit sur l'esplanade voisine pour dire les prières de l'absoute devant cet immense catafalque, où les morts s'entassaient entre le fort Saint-Jean et l'église la Major. Quelques courageux pêcheurs du quartier de Joly et de la rue Moyse, quelques vieux capitaines marins, bronzés par la mer, et bourgeois de la place de Lenche, assistaient l'évêque dans cette lugubre cérémonie qui attristait le soleil du Midi. Le *Requiem æternam dona eis, Domine*, fut psalmodié avec tristesse par ces hommes qui s'appliquaient à eux-mêmes ce verset pour le lendemain, et semblaient dire l'antienne de leurs propres funérailles. Puis les galériens, excités par la parole et l'exemple de l'évêque, confièrent à la mer ce monde de cadavres, ces hécatombes du fléau.

Quatre-vingt mille victimes apaisèrent enfin la fureur de la peste. Un vœu avait été prononcé par de Belsunce sur l'autel du Cours, et la foi qui sauve l'âme sauva ce qui restait d'une grande population, toute destinée à mourir. De Belsunce montra ce courage inconnu même des héros, ce courage calme, acharné, serein; ce courage de tous les jours, de toutes les heures, de tous les instants, cette vertu qui doit avoir un nom au ciel, et que la terre ne vit éclater qu'une fois.

Après la résurrection de Marseille, Versailles voulut revoir de Belsunce, et une ovation l'attendait; mais le prélat ne commit pas cette faute vulgaire du triomphateur qui joue l'humilité. Il avait tant de blessures à cicatriser après une bataille de deux ans, tant d'orphelins à confier aux chances d'un meilleur avenir, tant de convalescences à guérir dans les infirmeries du pauvre! Il resta donc sourd aux instances de ses amis de Versailles. Une seconde violence lui fut faite, et il sut encore résister. On lui offrit l'archevêché de Bordeaux, avec de riches prébendes : il répondit par un refus des plus formels : — *Et si la peste rentrait à Marseille*, dit-il, *quels regrets n'aurais-je pas!* Ainsi, de Belsunce ne quitta pas le siége de Marseille, parce qu'ayant appris son métier de gardien, il n'aurait pas voulu abandonner à un novice le soin de défendre cette chère ville, si le formidable ennemi reparaissait.

La peste de 1720-1721 a laissé à Marseille des souvenirs ineffaçables, et pendant un siècle et demi on a pris les précautions les plus minutieuses pour prévenir le retour de ce terrible fléau. Ces précautions ont d'abord paru fort légitimes, puis elles ont été taxées de ridicules, et l'esprit du Nord ayant prévalu sur les frayeurs traditionnelles du Midi, on n'a pris aucun terme moyen, on a tout supprimé. L'avenir prononcera.

A l'extrémité du port, on voyait un petit édifice dédié à saint Roch, et appelé *la Consigne*. Une administration sanitaire tenait ses séances, là, dans un salon décoré d'un chef d'œuvre de David, représentant les diverses phases du pestiféré, avec une incroyable énergie de pinceau. On voyait sur le panneau voisin un bas-relief de Puget, *la Peste de Milan.* Nos édiles sanitaires avaient ainsi continuellement sous les yeux les affreux ravages de la peste, exprimés de main de maître sur le marbre et la toile, et ce double *memento* les rendait inexorables sur le chapitre des quarantaines. Ces scrupules, très-honorables d'ailleurs, étaient poussés si loin, qu'un paquebot d'Arles, chargé des voyageurs de Paris, et descendu du Rhône dans la Méditerranée, était regardé comme suspect devant les gardiens de la Consigne, et interrogé gravement, comme un navire arrivé de Constantinople ou de Calcutta. Toute chose flottante était soupçonnée d'avoir la peste. On aurait mis en quarantaine les *bâtons flottants* de la fable. Au reste, en fait de mesures de précaution, l'excès n'est jamais un mal. Si vous modifiez la vigilance, il faut bientôt la supprimer.

Les villes sont toujours en retard du côté de la reconnaissance; leurs municipalités ne regardent que le bien qu'elles font, et sont assez oublieuses du bien opéré avant elles. En général aussi, les municipalités sont économes, et quand elles reconnaissent un service, elles gravent le nom du bienfaiteur à l'angle d'une rue ; c'est l'économie dans la reconnaissance. On ne se ruine pas avec des noms. Cela rappelle ces deux vers :

> Fortune merveilleuse, en un jour disparue,
> Il n'en reste qu'un nom, à l'angle d'une rue !

Marseille a donc payé sa dette à de Belsunce, il y a cent ans, en donnant son nom à une ruelle, qui monte de la Coutellerie à la Grand'-Rue. Puis, un administrateur qui a laissé les meilleurs souvenirs à Marseille, le préfet Charles Delacroix, père de notre illustre peintre, a fait élever un monument collectif à la mémoire des intrépides soldats du champ de bataille de 1720. C'est une colonne votive, surmontée d'un *génie*, le génie de la guérison, chef-d'œuvre du sculpteur Chardigny. Personne n'est oublié sur le stylobate, pas même le pape Clément XI, qui secourut Marseille avec des envois de blé, pendant la famine de la peste. Enfin, l'année 1856 a réparé les oublis séculaires, et, en ce moment, nous voyons la statue de l'héroïque de Belsunce sur la place même où fut célébrée la messe du vœu. Les *Méduses* seules manquent, ces charmantes fontaines qui donnaient tant de fraîcheur à la promenade du Cours.

Le peintre Serres, élève de Puget, a laissé deux belles toiles représentant le dévouement de Belsunce et la peste de Marseille. Serres a peint ce qu'il a vu; c'est un témoin oculaire. Les deux tableaux, un peu maltraités par leurs conservateurs, sont exposés dans une salle de l'hôtel de ville, où ils remplissent aux yeux du maire l'office des autres tableaux de la Consigne; c'est encore un *memento*. Aujourd'hui, comme ceux de la Consigne, les deux tableaux de Serres ne sont plus que des ornements : ils ne disent plus *Caveant consules*. La loi qui a supprimé les quarantaines de Marseille a supprimé la peste du même coup. On ferait bien alors de transporter les chefs-d'œuvre de la Consigne et de la mairie au Musée de Marseille, où ils prendraient une place historique.

Ce Musée, pour le dire en passant, est digne de recevoir les toiles de David et de Serres, et les sculptures de Puget. On y admire déjà de superbes tableaux des grands maîtres anciens, parmi lesquels quatre chefs-d'œuvre de Rubens et un Pérugin de la plus belle eau. Quand Marseille voudra, elle est assez riche pour avoir le plus riche Musée de la France, et la plus belle école de peinture et de musique. Ses trésors doivent jeter quelques rognures aux beaux-arts. Qu'elle y prenne bien garde! la richesse matérielle, parvenue à son apogée, est sans doute une belle chose; mais si, dans ses faveurs de reine, l'intelligence est oubliée, elle manquera par sa faute à son destin; elle laissera dans l'ombre la meilleure part d'elle-même, l'esprit de son peuple; elle brisera sa statue grecque, pour honorer quelque veau d'or. Trois monuments, lumineux triangle, font entendre aujourd'hui à Marseille de nouvelles leçons : la colonne érigée par *les descendants des Phocéens à Homère*, et les statues élevées enfin à Pierre Puget, notre Michel-Ange, et à Belsunce, notre Charles-Borromée; la poésie, l'art, le devoir. Trois pierres muettes, mais plus éloquentes que les oraisons de Marcus Tullius, l'ami de Marseille. A cette phase inouïe de prospérité qui semble ne pouvoir plus avoir d'échelon ascendant, et qui pourtant chaque jour ne fera que monter encore, cette ville est soumise à une responsabilité grave; il ne faut pas que l'or lui monte au cerveau, et qu'elle laisse dessécher au soleil de sa richesse tant de germes féconds déposés sur ses plages par le soleil de Dieu.

CHAPITRE VI

Réminiscences

A M. Georges Bell

Que de souvenirs votre lettre a réveillés en moi, mon cher Georges!
Oui, ce Marseille de 1840 à 1845 a disparu, comme la vieille cité des Phocéens, de Milon, le meurtrier de Clodius, du médecin Crinias, des héroïques femmes qui parurent sur la brèche pour défendre leur ville contre les bandes du connétable de Bourbon et du marquis de Pescaire, du traître Libertat, du charmant Nioselles, de Belsunce et du chevalier Paul, etc.

Marseille est une ville qui se transforme d'âge en âge, toujours heureuse sur les bords de sa mer d'azur, toujours active et ne se souvenant de son passé glorieux que pour se donner un présent prospère et se préparer le plus splendide avenir !

Marseille est une ville privilégiée entre toutes. Elle est si favorablement assise entre ces grandes collines qui font de son ancien port un vaste entonnoir où les navires sont à l'abri de tous les vents, de tous les orages, de toutes les tempêtes, qu'elle peut attendre avec une sereine tranquillité tous les futurs contingents. Les hommes viennent et changent, modifient, transforment au goût du jour. La nature n'en a pas moins accompli son œuvre et une œuvre dont il faut toujours tenir compte. Dans l'antiquité les plages de Montredon, le vallon des Offes et, tous ces grands amas de rochers stériles qui s'étendent derrière la colline d'Endoume, n'étaient certes pas tels que nous les voyons aujourd'hui.

Vous qui aimez les grands poëtes de la vieille Rome, vous eûtes un jour la fantaisie de chercher ce qui restait de la forêt de pins décrite par Lucain, dans sa *Pharsale*, à l'époque où César assiégeait *Massilie*, refuge des Pompéiens. Je vois encore votre figure quand vous revintes me porter vos plaintes à la Bibliothèque. De tout cela, il ne reste rien, me dites-vous; pas un arbrisseau.

Je me contentai de sourire de votre déconvenue. Vous étiez fort jeune, mon ami, et la jeunesse est à mes yeux plus respectable encore que la vieillesse. Marseille et toute la Provence vous en réservaient bien d'autres. J'y avais été pris comme vous et je trouvais dans vos impressions quelque chose de ce que j'avais éprouvé à votre âge quand je me reportais en arrière de vingt ans.

Et voyez, tout ce que vous me dites aujourd'hui vient confirmer ce que je pensais alors.

Voulez-vous que je procède par ordre?

Vous me rappelez cette promenade que nous fîmes ensemble à l'aqueduc de Roquefavour, le grand travail d'art du canal de la Durance, et au chantier des Taillades d'où l'on extrayait la pierre nécessaire à cette construction cyclopéenne, en tirant un utile parti des grandes nappes d'eau limpide trouvées sous le sol. Cette promenade, entre ingénieurs et artistes, il me serait facile de la raconter aujourd'hui avec autant de précision que le lendemain de notre retour. Les moindres détails sont encore présents à ma pensée. Les yeux de la mémoire voient souvent aussi clair que les yeux du corps.

Nous partîmes en assez nombreuse compagnie. Je n'ai oublié ni vous, mon ami, ni ce charmant Robert Taylor, Anglais amoureux de notre Provence et de Marseille surtout où il avait fait aimer le génie, l'activité, et l'industrie de sa nation en fondant cette belle usine que vous avez connue sur le chemin de Toulon, berceau des forges et chantiers de la Méditerranée, — ni mon frère que tout ce qui touche à Marseille et dans le passé et dans le présent intéressera toujours vivement,—ni les quelques autres amis qui avaient voulu venir donner un encouragement aux travailleurs. Je n'ai point oublié surtout que nous avions avec nous les principaux exécuteurs et les vulgarisateurs de cette œuvre colossale, — notamment son inventeur, M. de Montricher, et l'homme savant et spirituel qui l'a révélée dans ses moindres détails, M. Lepeytre, secrétaire général de la mairie de Marseille. Vous le voyez, j'ai le souvenir fidèle et si le canal ne portait pas, déjà depuis longtemps, les eaux de la Durance à Marseille, si ces eaux n'avaient déjà métamorphosé toutes les campagnes qui forment la banlieue de ma chère ville natale, je pourrais, étape par étape, vous redire cette excursion qui ne fut pour nous tous qu'une succession non interrompue d'émotions et de plaisirs. Nous arriverions ainsi au banquet qui couronna cette heureuse journée, après notre descente dans les tranchées des Taillades. C'est là que vous m'attendez, je le sais. Vous croyez peut-être que je ne retrouverais pas les vers qu'à la fin du repas j'écrivis sur l'album de M. de Montricher? Erreur, mon ami. Ces vers que, selon vous, les échos de la Durance rediront aux passants, — aussi longtemps que le matelot marseillais fera fumer la bouille-à-baisse, — dès le lendemain, M. de Montricher avait la bonne pensée de m'en envoyer une copie écrite de sa main. Je la garde comme un autographe précieux. Car, son œuvre accomplie, M. de Montricher est mort prématurément, lorsque s'ouvraient devant lui les perspectives du plus brillant avenir. Vous le savez, il ne fit aucune attention à la maladie qui rongeait ses organes tant que les travailleurs de la Durance eurent besoin de lui. Et quand il voulut aller refaire ses forces épuisées sous le ciel réparateur de Sorrente, il était trop tard...

Grâce à cette copie, je puis transcrire ici les strophes que vous attendez :

A M. DE MONTRICHER.

Elle s'accomplira cette œuvre grande et belle !
Vous avez apporté sur la roche rebelle
Le glaive de l'Archange et le feu des démons :
L'eau trouve sous vos pas des routes inconnues :
Votre main a creusé des sillons dans les nues,
    Et des abîmes sous les monts !

Je viens de voir assez de montagnes brisées
Pour bâtir aujourd'hui quarante Colisées
Élevant vers les cieux un front aérien ;
Mais vous avez vaincu l'architecte de Rome,
Car nous préférons tous l'œuvre qui sert à l'homme
    A l'œuvre qui ne sert à rien.

Une armée, avec foi, par votre main guidée,
Poursuit aveuglément votre invincible idée :
La flamme du mineur sort de votre regard;
Grâce à vous, architecte à la profonde entaille,
Nous pouvons contempler du haut de notre taille
    L'humilité du pont du Gard!

Lorsque votre marteau de conquérant s'approche,
On sent trembler la terre et palpiter la roche;
Vous courez devant tous, léger comme le vent;
Et, donnant à chacun la récompense due,
Vous passez à travers la montagne fendue,
    Et vous leur criez : En avant!

Marseille ne sait pas que votre main apporte,
Comme une coupe d'eau, tout un fleuve à sa porte
Sur des arcs triomphaux créés par des volcans,
Et que cet avenir qui déjà nous invite
Ne sera, dans ce siècle où tout marche si vite,
    Qu'une semaine de cinq ans!

Je ne serai pas aussi heureux avec les vers que vous me rappelez sur le pont du Gard. Souvent, dans plusieurs de mes œuvres, j'ai eu occasion de parler de cette merveilleuse signature que le peuple Romain à laissée pour l'admiration des siècles en passant dans nos Gaules provençales, notamment dans Ulric d'Audurze. Mais j'ai oublié les vers, après les avoir publiés dans la *Revue de Paris,* — en 1834, si ma mémoire ne fait pas erreur.

Au reste ce fut une bien étrange semaine que celle de notre excursion à l'aqueduc de Roquefavour. Si j'avais jamais eu le temps d'écrire des Mémoires, elle aurait occupé une grande place dans mes fastes domestiques. Nous étions à ce moment de l'année si curieux à observer dans notre Provence et en même temps si précieux pour nos campagnes où le printemps méridional toujours fort court va faire place à l'été et à un été torride. Cette époque, qui dure quinze jours à peu près et varie de la fin de mars à la fin d'avril, est toujours signalée par des orages formidables qui fondent sur la ville de Marseille, et en quelques heures transforment les rues en rivières et les places en lacs. On ne peut plus aller d'un point à un autre que sur des ponts improvisés, et de toutes les portes on voit alors sortir les ménagères une planche à la main pour venir en aide aux passants. Cela dure une demi-journée tout au plus. Les eaux en s'écoulant dans les égouts nettoient la ville plus radicalement que tous les balayeurs réunis par la municipalité et après il n'y paraît plus.

Or, quand nous revînmes de Roquefavour, Marseille venait de subir un de ces orages. Toutes les rues étaient noyées; l'atmosphère rafraîchie nous ramenait aux derniers jours de l'hiver. Et comme si le phénomène avait été une rareté, on ne parlait pas d'autre chose dans les cercles et les cafés. Il est vrai que contre son habitude, l'orage n'avait été accompagné ni d'éclairs ni de tonnerres. Si l'électricité avait joué un rôle dans ce déluge, le rôle avait été silencieux. Ce silence inaccoutumé était ce qui préoccupait le plus les Marseillais, gens habitués comme leurs ancêtres, les Grecs et les Romains à tirer des augures et des pronostics de tous les accidents naturels.

Le lendemain, je fis une visite à mon excellent ami, Gaston de Flotte, dans sa maison des champs, à Saint-Jean-du-Désert. Gaston de Flotte est un poëte qui aime à voir autour de lui tous ceux qui aiment et cultivent la poésie et les lettres: Il est depuis vingt ans l'ami de tous les littérateurs Marseillais. Je trouvai dans sa maison et assis à sa table hospitalière, J. Autran, l'auteur des *Poëmes de la mer*, de *Milianah*, qui rêvait déjà d'écrire ses beaux livres *la Vie rurale* et *Laboureurs et soldats*, — Sébastien Berteaut qui venait d'être nommé secrétaire de la chambre de commerce, sans toutefois renoncer aux lettres,—Adolphe Carle, qui n'a eu qu'un tort, celui de cacher infiniment d'esprit et de talent dans une existence provinciale obstinée, — G. Bénédit, l'auteur *de Chichois*, cet immortel chef-d'œuvre de la langue provençale, etc., etc. Vous nous manquiez, mon cher Georges, autrement vous ne me demanderiez pas où j'ai écrit les vers que vous m'envoyez et que je transcris :

A GASTON DE FLOTTE.

Poëte agriculteur, aux peintures magiques
Qui sans négliger Dante, aimez les Géorgiques,
Dites-nous si la pluie a fait du bien au sol...
Or, pour moi, j'avouerai que ce bien-là m'ennuie,
Car je ne hais rien tant qu'un soyeux parapluie
 Et j'adore le parasol.

Du parvis des Chartreux jusqu'à la Cannebière
La pluie a ruisselé comme ces flots de bière
Qu'on nous verse le soir pendant que nous fumons...
Un seul acteur manquait à cette scène humide,
Le tonnerre... Il a pris un naturel timide
    Ou s'est endormi sur les monts.

Qu'est-il donc devenu, ce sublime tonnerre?
Est-il destitué comme fonctionnaire
Pour avoir mal voté dans la chambre du ciel?
Aurait-il des éclairs d'une couleur carliste?
Je n'ai pas vu son nom sur la dernière liste
    Du bulletin officiel.

Peut-être Dieu qu'on dit à l'image de l'homme
A réduit sa maison et s'est fait économe.
Il dépensait beaucoup pour ses foudres d'été...
Ces tonnerres bruyants, effroi de notre ville,
Il les a supprimés de sa liste civile
    Car son trésor est endetté.

· · · · · · · · · · · ·

Ces vers vous disent assez, mon cher Georges, quel était le sujet de notre conversation chez Gaston de Flotte. Je me contente de reproduire les strophes que vous m'avez envoyées. Elles m'ont servi à me rappeler des amis toujours chers quoique vivant loin de moi et le public ne me saurait aucun gré peut-être de publier la pièce entière d'où vous avez tiré ce fragment.

Maintenant à mon tour, permettez-moi de vous rappeler les agapes fraternelles qui nous réunissaient si souvent aux tables de Courty, au Prado, à la Réserve, au Château Vert, à la villa Étienne. Là, que de fois nous nous sommes trouvés Marseillais et Parisiens mêlés ensemble, tous amis, tous heureux de nous retrouver, tous unis de cœur et d'intelligence. La moindre occasion nous servait de prétexte à banquet. Nous saisissions au passage et avec empressement, comme une aubaine, tout ce qui pouvait nous faire déserter la ville et aller, sous couleur de repas champêtre, causer en face de cette Méditerranée, dont la poésie est si grande que Byron a pu l'appeler le plus poétique de tous les océans, — dont le souvenir est si doux!

C'est ainsi que nous échappions au spectacle commercial qu'offrent sans cesse à la vue les rues de Marseille, lorsque venaient dans cette ville où l'Univers passe en détail Victor Hugo,

Alexandre Dumas, son fils, Théophile Gautier, H. de Balzac, Henri Monnier, tous ces hommes dont la France du dix-neuvième siècle est si fière et à juste droit... Et aussi Mlle Rachel et Mme Dorval, ces deux grandes reines de l'art dramatique, qui plaçaient Marseille au premier rang de leurs villes bien-aimées!...

Courty, la Réserve, le Château-Vert étaient pour nous des asiles où liberté entière était laissée à la causerie. Si l'on s'occupait de Marseille, là du moins on pouvait le faire avec les grandes pensées que fait naître la vue de ces golfes, sentinelles avancées des ports dans lesquels cinglent sans cesse des navires de toute forme, de toute grandeur, de toute nation. La barque de cabotage suit le même sillage que le lourd bateau hollandais capable de résister à toutes les agressions des flots courroucés, le grand clipper américain ou le fort brick français qui revient de visiter les mers de l'Inde, de la Malaisie et de la Chine, rapportant les plus riches cargaisons.

A ce propos, laisez-moi vous rappeler le jour où, à la villa Étienne, entre deux bains de mer, vous fîtes la connaissance du capitaine Montfort, dont vous deviez un jour écrire le dernier *Voyage en Chine*.

Nous étions, ce jour-là, fort nombreux à la table d'hôte qui nous réunissait deux ou trois fois par semaine pendant toute la saison d'été. Il y avait à peine quelques mois que M. de Lagréné, notre ambassadeur en Chine, était passé à Marseille, venant de Grèce. Il se rendait à Paris pour prendre ses instructions et de là gagner son nouveau poste. Le passage de ce haut fonctionnaire avait fait une grande sensation dans la ville. Le commerce maritime est aventureux de sa nature et Marseille se souvient toujours avec orgueil des armateurs qui ont illustré sa marine à la fin du dernier siècle.

Le capitaine Montfort avait dans son extérieur et dans ses manières de grands points de ressemblance avec le capitaine Mordeille que j'ai eu le bonheur de connaître dans ma jeunesse. Il avait passé la meilleure partie de sa vie sur les grandes mers et quoique touchant au demi-siècle, il n'aspirait qu'à reprendre la route qu'il connaissait si bien des Indes et de la Chine. La passion de sa vie était l'agrandissement du commerce français. Missionnaire du négoce, il connaissait admirablement tous les points du globe où l'on aurait pu établir des comptoirs qui auraient facilité l'écoulement des produits de nos manufactures et contre-balancé l'influence que la marchandise anglaise a su acquérir jusque dans les continents les plus lointains.

Mon frère, auquel il faut toujours revenir quand il s'agit de Marseille, était depuis longtemps lié avec le capitaine Montfort. Naturellement, ce fut mon frère qui nous le présenta en nous annonçant qu'il allait publier dans le *Sémaphore* quelques épisodes des voyages au long cours du capitaine marchand.

Je suis heureux de pouvoir saisir cette occasion de faire connaître l'homme qui vous confia les papiers de ses dernières expéditions, avec lesquels mon frère et vous avez su rendre populaire en France des pays et des mœurs qui n'ont plus rien de fantastique. Maintenant ceux qui voudront faire plus ample connaissance avec lui n'ont qu'à prendre votre *Voyage en Chine*. Ils n'auront pas à se repentir d'avoir entrepris une semblable équipée avec un homme de la trempe du capitaine Monfort.

A ces repas amicaux, nous étions cosmopolites. Le pilaw turc, le carrick indien, le caviar moscovite, les pâtes italiennes, étaient aussi bien venus que le bifteck anglais, le poulet à la sauce Marengo ou toute autre sauce française et même que la poutargue des Martigues et la bouille-à-baisse provençale.

Puisque nous avons parlé de la bouille-à-baisse, disons un mot en passant de la crise que subit ce plat national et populaire, si célèbre à Marseille d'où sa renommée a gagné le monde. Le thon, la dorade, le mulet et le rouget de la Méditerranée, éléments essentiels de la matelote provençale, ont reçu un coup funeste de la locomotive qui a joint l'Océan au lac européen. Jadis et naguère encore, tout le quartier Saint-Jean vivait de la bouille-à-baisse, comme pêcheur et comme consommateur. La criée, puis l'inspection ont d'abord entravé les filets et la marmite. Enfin, un cuisinier marseillais m'a avoué en rougissant que, l'hiver dernier, il lui avait fallu se résigner à composer ses menus avec le poisson de l'Océan ! Oui, le turbot, la barbue, le saumon, le bar, etc., viennent de trois cents lieues faire concurrence aux poissons de la Méditerranée jusque sur le carreau des halles de Marseille! *O tempora! ô mores!* Si ce désastre se continue, le gourmet de la Joliette sera obligé, pour manger une bouille-à-baisse authentique, de prendre le chemin de fer et de venir la commander aux Frères-Provençaux, au Palais-Royal de Paris. Mais une autre conséquence résultera de cette révolution. Les pêcheurs de Marseille, de Cassis, de la Ciotat, de Martigues, de La Seyne, de Marignanne, de la Corse, renonceront à leur métier, et priveront la marine d'une pépinière de matelots excellents. Voilà ce que renferme la question de la bouille-à-baisse. Traitez-la donc avec la légèreté française, si vous osez!

Cela dit, je me fais un véritable plaisir de joindre à ma lettre les vers que je viens d'envoyer à un de vos amis et des miens, M. Charles Monselet. Ces vers seront peut-être de circonstance. Un jour si quelque archéologue les retrouve, il pourra, grâce à eux, faire connaître à nos arrière-petits-fils, ce qu'était la cuisine provençale dans les temps héroïques.

LA BOUILLE-A-BAISSE

Pour le vendredi maigre, un jour, certaine abbesse
D'un couvent marseillais créa la bouille-à-baisse,
Et jamais ce bienfait n'a trouvé des ingrats
Chez les peuples marins, qui n'aiment point le gras.
Ce plat est un poëme ; ainsi n'allez pas croire
Que votre matelote, avec sa sauce noire,
Et la soupe au poisson, chères à vos palais,
Comme on le dit, sont sœurs du ragoût marseillais...
C'est une grave erreur ! Bien plus, quand on voyage
Économiquement, comme on fait à mon âge,
On entre au restaurant, à Marseille ; on parcourt
La carte, et ce grand nom vous arrête tout court,
BOUILLE-A-BAISSE ! on ressent des extases intimes,
Car ce plat n'est coté que soixante centimes,
Et, d'une voix polie, on ordonne au garçon
De servir promptement ce chef-d'œuvre au poisson,
Qui coûte douze sols, comme on dit en province !
On vous sert un morceau de merlan assez mince,
Sur deux croûtons de pain largement safranés
Secs au milieu du jus, et d'oignons couronnés.

Alors, le voyageur, altéré de vengeance,
Chez Laffitte et Caillard remonte en diligence,
A chaque table d'hôte et dans tous les relais,
Décochant l'épigramme au ragoût marseillais.....

Comme les nations les plats ont leur histoire !

O golfe de saphir, qu'un double promontoire
Embrasse avec amour sur le mouvant chemin
Qui conduit au pays espagnol ou romain !
Baignoire du soleil, où tant de vie abonde,
Ce bon voyageur croit que ta vague féconde
Ne fournit aux repas de chaque jour de l'an,
Pour pain quotidien, qu'une once de merlan !
Dans ce vivier immense, où la nature sage
Donne à tout grain d'écume un atome qui nage,
Le pêcheur grec plongeait les mailles de ses *thys*,
Et le matin faisant sa prière à Thétis,
Il rendait, chaque soir, grâces à la fortune,
Car il avait nourri les prêtres de Neptune,
Et ceux de Jupiter, corybantes pieux
Qui dévoraient l'offrande à la barbe des dieux :
Il avait, descendant sur les plages voisines,
Inondé de poissons les dévotes cuisines
Où Diane et Vénus, pour convives gourmands,
Voyaient un peuple uni de chasseurs et d'amants.
C'est qu'en ces temps heureux, siècles des fortes races,
L'homme, plus jeune, avait ces appétits voraces,

Et qu'en un seul repas, son estomac glouton,
Comme vous un rouget, engloutissait un thon.

Eh bien ! la même mer, tranquille ou courroucée,
Toujours féconde, expire aux plages de Phocée,
Et, pour la bouille-à-baisse, elle donne aux repas
Vingt sortes de poissons qui ne l'épuisent pas.
Écoutez bien ceci, vieux cuisiniers novices
Qui faites des homards avec des écrevisses,
Et qui croyez qu'on peut, chez Potel et Chabot,
Traduire mon plat grec en tranches de turbot.
L'heure est enfin venue où notre capitale
Peut joindre à ses banquets la table orientale,
Et donner aux gourmands, chez le restaurateur,
Un ragoût marseillais et non un plat menteur,
Comme un ouvrage d'art, contrefait en Belgique...
Car le chemin de fer, trait d'union magique :
Doit réunir, en mil huit cent cinquante-neuf,
Le canal de Marseille aux arches du pont Neuf...
Alors, toutes les nuits, pendant toute l'année,
Les poissons qu'embauma la Méditerranée,
Comme s'ils voyageaient sur les ailes des vents,
Aux marchés de Paris arriveront vivants,
Et trente professeurs, nés près de la Réserve,
Sur la plage où naquit l'olive de Minerve,
Ici viendront apprendre, en deux ou trois leçons,
L'art de faire un seul plat avec tant de poissons.

MARSEILLE

Dans les ports de Toulon, de Marseille, de Cette,
On se sert pour ce plat de la même recette.
Mais le plat est fort cher, je vous en avertis !
Au reste, pour les grands, comme pour les petits,
Sur ce globe assez triste où l'homme est de passage,
On devrait adopter cette maxime sage :
Rien ne doit être cher, en cette vie; après,
Rien n'est plus cher qu'un marbre, avec quatre cyprès
Donc, avant le poëme, il faut d'abord qu'on fasse
Un coulis sérieux, en guise de préface....
Et quel coulis ! Il faut que le menu fretin
De cent petits poissons, recueillis le matin,
Distille, avec lenteur, sur un feu sans fumée,
Le liquide trésor d'une sauce embaumée.
Là, vient se fondre encore, avec discernement,
Tout ce qui doit servir à l'assaisonnement ;
Le bouquet de fenouil, le laurier qui petille,
La poudre de safran, le poivre de Manille,
Le sel, ami de l'homme, et l'onctueux oursin,
Que notre tiède Arenc nourrit dans son bassin.
Quand l'écume frémit sur ce coulis immense,
Et qu'il est cuit à point, le poëme commence.

A ce plat phocéen, accompli sans défaut,
Indispensablement, même avant tout, il faut
La *Rascasse*, poisson certes des plus vulgaires :
Isolé sur un gril, on ne l'estime guères,
Mais dans la bouille-à-baisse, aussitôt il répand
De merveilleux parfums d'où le succès dépend ;

La Rascasse, nourrie aux crevasses des syrtes,
Dans les golfes couverts de lauriers et de myrtes
Ou devant un rocher garni de fleurs de thym,
Apporte leurs parfums aux tables du festin.
Puis, les poissons nourris assez loin de la rade,
Dans le creux des récifs, le beau Rouget, l'Orade,
Le Pagel délicat, le Saint-Pierre odorant,
Gibier de mer suivi par le Loup dévorant,
Enfin, la Galinette, avec ses yeux de Bogues,
Et d'autres, oubliés par les ichthyologues,
Fins poissons que Neptune, aux feux d'un ciel ardent,
Choisit à la fourchette, et jamais au trident.

Frivoles voyageurs, juges illégitimes,
Fuyez la bouille-à-baisse à soixante centimes;
Allez au Château-Vert, commandez un repas;
Dites : « Je veux du bon et ne marchande pas;
» Envoyez le plongeur sous ces roches marines,
» Dont le divin parfum réjouit mes narines;
» Servez-vous du *thys* grec, du *parangre* romain,
» Sans me dire le prix.... Nous compterons demain ! »

Vous ne détestez pas la cuisine provençale, mon cher Georges. Vous avez vécu trop longtemps au milieu de nous, à Marseille, pour n'avoir pas contracté quelque peu de nos mœurs, de nos goûts, de nos sympathies. Cette fameuse soupe de poisson, qui, bien mieux que le sonnet de Boileau-Despréaux, vaut tout un long poëme, n'est que le rudiment, l'enfance de l'art culinaire chez nos aïeux. Nous avions jadis un ensemble complet où les viandes, le poisson, les légumes, les fruits jouaient leur rôle tour à tour. Et pour arroser tout cela, les vins de Séon-Saint-Henri et de Lamalgue qu'il serait impossible de trouver ailleurs que sous le ciel et le soleil de notre Provence bien-aimée. Avez-vous gardé le souvenir des vins blancs trouvés dans les caves du château de Fontainieu et qui devaient être là depuis la peste?... Oui, sans doute, vous avez toutes les mémoires, celle du cœur et celle de l'estomac. Les vins étaient un véritable nectar qui nous ragaillardissaient tous, au déjeuner, lorsque nous revenions après une longue station au poste à feu, cet ornement obligé de toutes les *bastides* marseillaises.

Et le soir, c'était même chose encore lorsque l'air aromatique de nos montagnes épiçait si agréablement tous nos mets. Le vin de la peste, comme nous l'avions surnommé, avait le pouvoir de délier les langues les plus rébarbatives. Heureusement pour nous, nos pères en fuyant le fléau avaient fait d'abondantes provisions. Nous vantions leur prévoyance en savourant le bon vin qu'ils avaient enfoui sous quatre pieds de sable dans le sol de la cave. Jamais nous ne retrouverons ce vin exquis de Séon-Saint-Henri; mais nous l'avons bu et cela suffit pour le moment à nos souvenirs. Retrouverons-nous aussi jamais cette adorable retraite de Fontainieu qui, avec les Aygalades et Géménos, suffirait pour couler à fond le vieux proverbe sur l'aridité des environs de Marseille ?... Tous ces sites enchanteurs sont encore peuplés des plus merveilleux souvenirs. Ces arbres séculaires ont vu passer sous leurs délicieux ombrages les images les plus gracieuses et les plus terribles. A chaque pas vous retrouvez les traces de Jeanne de Naples, du roi René, du vicomte de Barras qui vécurent tour à tour de notre vie provençale !...

Vous rappelez-vous le jour où, en rentrant à la maison, je trouvai une lettre de Constantin Joly? Constantin est le frère de ce brave Anténor, l'ancien directeur du théâtre de la Renaissance et de tant de journaux, où il s'est toujours montré l'ami fidèle des gens de lettres.

Lié avec les deux frères étroitement, j'étais habitué à leur correspondance. Mais cette fois, Constantin réclamait mon aide pour gagner un pari, chose toujours facile avec les Parisiens. Il demandait une *Ode à l'ail* que je devais lui envoyer courrier par courrier. Constantin Joly avait parié un succulent dîner aux *Frères Provençaux*, avec quatre convives, et il avait gagné si je faisais honneur à sa signature. Pour rien au monde je n'aurais voulu induire à perte ce brave Constantin. Sa lettre reçue, j'écrivis donc au courant de la plume une douzaine de strophes qui furent publiées dans le *Satan*. Pour retrouver le tout il faudrait fouiller dans les collections de ce journal et on ne l'a pas toujours sous la main. Contentez-vous de ce que vous avez ; je me borne à vous renvoyer ce que vous avez écrit autrefois pour un de nos amis communs.

ODE A L'AIL

A CONSTANTIN JOLY

Je le sais, l'ail, enfant des bastides voisines,
N'est pas en bonne odeur dans vos fades cuisines.

Même au Palais-Royal, tout encadré d'arceaux,
Jamais l'ail n'embauma de ses gousses chéries
Dans leur frais restaurant ouvert aux galeries
    La trinité des Provençaux!
. . . .
. . . .

Vous ne savez donc pas que cette plante est bonne
Entre toutes? Tissot, professeur en Sorbonne,
Ne vous a pas vanté cet admirable don,
Lorsque des vieux Romains disant la grande chère,
Bucoliques aux doigts, il vous explique en chaire
    Les vers du *pastor Corydon?*

Virgile, homme de goût, a vanté son arome
Dans des vers applaudis par les dames de Rome,
Et quand il allait voir Auguste au Palatin,
Testhyllis apprêtait l'ail en gardant ses chèvres,
Et le poëte en cour exhalait de ses lèvres
    Le vrai parfum du vers latin.
. . . .
. . . .

Tout ce qui porte un nom dans les livres antiques
Depuis David, ce roi qui faisait des cantiques,
Jusqu'à Napoléon, l'empereur du Midi,
Tout a dévoré l'ail, cette plante magique

Qui met la flamme au cœur du héros léthargique
  Quand le froid le tient engourdi.

. . . .

. . . .

Ce n'est qu'au prix de l'ail qu'on devient un grand homme.
D'une bibliothèque ouvrez le premier tome,
Vous trouverez un nom qui se parfume d'ail !...
Les sultans de Stamboul, privés de cette plante
Qui verse tant de feu sur leur chair indolente,
  Dormiraient veufs dans le sérail !

. . . .

. . . .

Et moi, cher Constantin, dont le repas m'invite,
Si je t'écris ici ces quelques vers si vite,
C'est que l'ail dans Marseille a mis son grand bazar,
Que je viens d'en manger pour écrire un volume,
Et qu'au lieu d'encre ici, j'avais pris pour ma plume
  L'ail de Virgile et de César !

A ces vers sont liés pour moi bien des souvenirs et surtout celui de cet excellent Henry Monnier. Il se trouvait alors à Marseille, où il faisait merveille avec la *Famille improvisée;* il n'avait pas encore mis *M. Prudhomme* au théâtre. Monnier lut, avec nous tous, la lettre de Constantin Joly, et, pendant que j'écrivais mon ode, il voulut illustrer l'autographe et le rendre ainsi précieux à nos amis parisiens. Je vois d'ici la figure qu'il avait donnée à David, *ce roi qui faisait des cantiques*, et la façon dont il avait attablé l'empereur Napoléon se préparant à manger notre ail national. Monnier fut on ne peut plus heureux dans ses dessins, et je ne sais pourquoi ils ne furent pas gravés à l'époque dont je vous parle. Aujourd'hui ces croquis ont acquis une grande valeur. Si Constantin a su les garder, un Anglais de nos amis grand amateur de dessins originaux est prêt à lui en donner cinquante fois leur pesant d'or.

Cette lettre est déjà longue, mon cher Georges, et cependant que de choses j'aurais encore à dire si je voulais mentionner tout ce que vous m'avez rappelé !

Et entre tous, ce noble salon de la rue Saint-Ferréol, si hospitalier aux artistes. Vous rappelez-vous le jour où Autran revint d'Italie, rapportant à la maîtresse de la maison une branche de laurier cueillie sur la tombe de Virgile, au Pausilippe ? Marseille possédait dans ce moment, pour quelques jours Victor Hugo et

Alexandre Dumas. Le laurier du poëte fut reçu avec enthousiasme par cette réunion d'élite. On l'encadra de vers et Alexandre Dumas, pour accompagner tous les autographes, fit un de ces chefs-d'œuvre de calligraphie qui lui sont aussi familiers que les chefs-d'œuvre littéraires.

Tout cela, si vous vous le rappelez, se passa dans la semaine que nous avions inaugurée par notre excursion à l'aqueduc de Roquefavour et aux chantiers de M. de Montricher.

Et comme si pour clore cette huitaine de jours, il avait fallu quelque grand événement, tout à coup fut jetée dans Marseille la nouvelle que don Baldomero Espartero, régent d'Espagne, avait impitoyablement bombardé la ville de Barcelone, la grande cité commerçante de l'extrême Méditerranée.

Marseille et Barcelone sont sœurs. Elles ont de nombreux intérêts communs et tout ce qui touche l'une touchera l'autre infailliblement. La nouvelle de Barcelone bombardée devait donc produire une sensation profonde et bientôt de la Cannebière à Saint-Jean, des hauteurs de la rue Paradis aux hauteurs de la rue d'Aix, des tranquilles quartiers de La Plaine à la rue du Tapis-Vert, retentit un immense cri de malédiction.

Les détails qui arrivèrent ensuite furent loin de calmer l'irritation première. On apprit néanmoins avec une vive satisfaction la conduite héroïque qu'avait tenue, pendant ces jours néfastes, notre consul général, M. Ferdinand de Lesseps. Pour les gens de commerce, la maison consulaire c'est toujours la patrie, dans quelque contrée lointaine que l'on se trouve. Il n'y eut donc qu'une chose fort naturelle dans la réception splendide qui fut faite par la chambre de commerce de Marseille à M. de Lesseps, lorsqu'il revint en France après cet événement. On eut agi de même au Havre, à Nantes, à Bordeaux. Convié à un banquet avec notre brave consul général, je crus devoir payer mon tribut d'admiration par quelques vers. Un journal de Marseille vient de les réimprimer. Je suis heureux de les retrouver ainsi et je vous les envoie.

A M. FERDINAND DE LESSEPS

Consul de France à Barcelone

Aux vallons de Sicile, il est une chapelle
Entre toutes bénie, et dont la cloche appelle
Sous un toit protecteur les pèlerins errants,
Lorsque l'Etna, du haut de ses crêtes arides,
Fait ruisseler partout sur ses immenses rides
    L'écarlate de ses torrents.

Et tous ces pèlerins, remplis d'une foi sainte,
Abordent à longs flots l'hospitalière enceinte
Dès que la terre gronde et tremble sous leur pas....
Et le prêtre leur dit : Sur mon seuil tutélaire
Du volcan formidable expire la colère
    Son feu ne vous touchera pas !

Voilà ce qu'on a vu dans l'orageuse ville,
A Barcelone, au feu de la lutte civile,
Volcan humain, roulant sur la terre qui bout !
Quand l'ouragan courba la foule consternée,
Souveraine par vous, et par vous incarnée,
    La France seule était debout !

Debout ! quand l'homme expire et que la pierre tombe,
Debout sur la ruine et debout sur la tombe ;

Debout, lorsque la mort pleuvait du haut des airs ;
Toujours la ville en deuil, sous le drapeau de France,
Reconnaissait en vous l'ange de l'espérance
    Dans une auréole d'éclairs !

Prêtre du temple saint que l'infortune implore,
Élevant sur son toit le signe tricolore,
Vous avez abrité sous ses nobles couleurs
Ceux qui fermaient déjà leur paupière flétrie ;
Sans demander leur nom, leur culte, leur patrie,
    Vous n'avez vu que les malheurs.

Aussi de quels élans pleins d'allégresse vive
Vous ont-ils salué tous, glorieux convive,
Quand vint le jour de miel après le jour amer !
Barcelone tressa le chêne à votre tête
Et Marseille, sa sœur, redit l'hymne de fête
    De l'autre côté de la mer.

C'est la gloire aujourd'hui qui convient à notre âge ;
Le siècle de la paix veut un autre courage :
Si la France a ployé ses drapeaux triomphants,
Elle veut qu'aujourd'hui, dans les crises suprêmes,
Les peuples étrangers se désarment eux-mêmes
    Au sourire de ses enfants !

La France a remporté des victoires sans nombre ;
Ses drapeaux ont couvert l'Europe de leur ombre ;
Pour verser sa lumière en sillons éclatants,
Elle faisait jaillir, pour féconder la terre,

Tout un fleuve de sang de sa puissante artère,
    Et ce fleuve a coulé vingt ans !

Cette gloire qui vient du sang et de l'épée,
Ciselée en airain, écrite en épopée,
Nos pères nous l'ont faite immense ; elle est à nous,
Nous avons pu bâtir en fermant nos cratères,
Un Panthéon, rempli de nos dieux militaires,
    Que le monde adore à genoux !

Convive glorieux, votre sublime exemple
D'un nouvel héroïsme inaugure le temple.
La France, à l'étranger, vous bénira souvent ;
L'homme et le ciel lançant leurs foudres dans les nues,
Peuvent abattre un jour ses couleurs si connues,
    Vous êtes son drapeau vivant !

Aujourd'hui M. de Lesseps occupé à ouvrir une large voie de navigation entre l'Europe, l'Asie et l'Afrique orientale, au milieu des travailleurs qui percent l'isthme de Suez, se souvient-il encore de Barcelone?... Je le crois : il est des souvenirs qu'on ne perd jamais, surtout le souvenir des bonnes et grandes actions accomplies dans des circonstances difficiles. Notre maître à tous, Virgile, avec cette profondeur et cette humanité de pensées qui le caractérise a dit avec raison :

Forsan et hæc olim meminisse juvabit.

Je termine, mon cher Georges. Notre spirituel et charmant ami, Louis Lurine a prouvé qu'on pouvait intéresser le public en faisant un *Voyage dans le passé*. Pour moi, j'ai voulu simplement mettre votre nom à côté du mien dans un livre sur *Marseille et les Marseillais.*

Votre ami,
M.

CHAPITRE VII

Excursions

En sortant de Marseille, on trouve, après le souterrain de la Nerte, une station nommée : *Pas de lanciers.*

Pourquoi ce nom ? personne ne le saura jamais. Avant le chemin de fer, c'était un site désert et sauvage, où jamais figure de lancier et même d'homme ne s'était montrée de mémoire d'aïeux. Toutefois, comme un mystère appellatif ne s'offre jamais à l'oreille du voyageur sans provoquer une étymologie, un savant local affirme qu'à l'époque du siége de Marseille, en 1524, le connétable de Bourbon, évitant les chemins frayés, passa devant Marignane, où il attendait un renfort de lanciers espagnols, et ne trouvant rien, il s'écria : *Pas de lanciers!* le point d'admiration a été supprimé depuis.

Je donne cette explication pour ce qu'elle vaut. Il n'est pas nécessaire d'ajouter qu'on est absolument libre de l'admettre ou de la repousser.

Au mois d'octobre dernier, je m'arrêtai à cette station, pour explorer à pied les terres magellaniques qui s'étendent du cap Couronne à Carry, c'est-à-dire la pointe de l'Amérique du Sud, en raccourci, moins les Patagons, *finis terræ,* le Finistère du département des Bouches-du-Rhône.

Malte-Brun et Jomard n'ont jamais entendu parler de ce coin de notre planète; la carte locale le signale par des points blancs, comme s'il s'agissait du plateau de l'Afrique intérieure, le vaste désert de Dembo.

Je ne crois pas qu'il y ait en France un grand paysage plus original; ordinairement, on trouve partout des montagnes, des collines, des rivières, des vallées, des lacs, des forêts qui se copient entre eux, sauf de légères variations, et ramènent sous les yeux du voyageur à peu près les mêmes horizons, les mêmes tableaux, les mêmes perspectives. Ici, on rencontre l'imprévu, et jamais on ne voit un peintre de paysage, assis sous un pin et copiant cette impossibilité naturelle ; en général, aussi, les peintres recherchent les modèles connus ou d'une convention vraisemblable. On dirait toujours qu'ils craignent d'être par les bons bourgeois Parisiens accusés d'originalité.

Du *Pas de lanciers* à Martigues, on trouve, par exemple, un étang, une petite Caspienne ; jusque-là rien d'étonnant, n'est-ce pas ? mais à mesure qu'on approche, on découvre un chemin à fleur d'eau, et qui traverse cet étang dans toute sa longueur. Cet immense travail est-il de main d'homme ? est-il un caprice de la nature ? On doute. Seulement, comme il est d'usage, en ce pays, de tout mettre sur le compte des Romains, on attribue à Marius cette chaussée de Berre. Si l'on en croit les archéologues provençaux, Marius en a fait bien d'autres sur ce territoire, et son nom est la racine latine de toutes les étymologies locales, depuis Marignane jusqu'à Martigues.

Cette dernière ville, perdue dans un désert, est surnommée la Venise provençale. En effet, Martigues est amphibie, comme la reine de l'Adriatique ; elle est coupée par des canaux ; elle baigne les pieds de ses maisons dans l'eau salée ; elle a même un quartier nommé *l'Ile*. Si jamais la ville naissante de Bouc devient un port de mer et fait concurrence à Marseille, ce qui est dans les chances probables de l'avenir, Martigues, déjà liée à la mer par le canal de Bouc, pourrait bien gagner tout ce qu'elle cherche pour ressembler un peu plus à Venise. En attendant sa *Piazzetta*, son *Rialto*, son *Lido*, ses *Procuraties* et ses splendides palais, Martigues fait un petit commerce d'huile et de poissons, comme au temps de Marius. C'est de Martigues que sort cette fameuse *Poutarque*, espèce de caviar provençal, qui peut facilement faire concurrence au véritable caviar moscovite.

C'était dans les premiers jours de novembre dernier; je venais de quitter l'Allemagne, où le froid commençait son triste règne, et je retrouvai sur le chemin de Martigues vingt-quatre degrés Réaumur. Je ne m'étonne pas de la prédilection de Marius le frileux pour ce pays. Ce grand proscripteur, proscrit à son tour, trouva un abri à Minturnes, près Naples, dans la Campanie heureuse, ce qui lui rappelait les marais de Martigues, et le doux soleil de cette Italie provençale, où il avait battu les Cimbres, fondé des villes en passant, élevé des arcs de triomphe, et lancé des chemins de roche sur les étangs.

Nous laissâmes à droite la Venise de Marius, Venise toujours naissante, pour nous diriger vers la Patagonie provençale, unique but de notre voyage, ou pour mieux dire de notre promenade, car, avec la vapeur, il n'y a plus de voyages aujourd'hui.

J'avais pour compagnon de promenade mon ami Berteaut, secrétaire de la chambre de commerce de Marseille, homme sérieux dans les affaires, homme charmant dans les vacances; grave à la ville, joyeux à la campagne;

mettant sa plume au service des intérêts matériels et sa parole au service de l'esprit. Nous faisions l'école buissonnière — lui, ayant remis son *intérim* aux bons soins de notre cher Gozlan, le digne frère de notre célèbre écrivain; moi, ayant complétement oublié Paris, après six mois de vagabondage au delà du Rhin. J'avais bien encore un autre compagnon de promenade; mais celui-là, il ne m'est pas permis de le louer, c'est mon frère, professeur de littérature à l'université d'Aix, alors en vacances comme un écolier. Mon frère a écrit vingt volumes de chroniques méridionales et une grande histoire de Provence; nous avions donc recours à lui, quand les campagnes de Marius et de Jules César nous paraissaient trop nébuleuses et trop embrouillées par les historiens, et aussitôt il faisait luire le jour dans ces ténèbres, avec une opinion personnelle ou une citation opportune d'Ammien Marcellin, des *Commentaires* ou de Papon. Heureux ceux qui s'instruisent en se promenant! Les chemins de fer sont destinés à porter un coup mortel à l'éducation sédentaire, au professorat immobile, aux colléges enfin. Ainsi, par exemple, quand l'Italie sera sillonnée de chemins de fer, il y aura des trains de plaisir classiques. Un professeur, suivi de cinquante élèves, placera sa chaire sur le convoi étrusque; il expliquera Tite-Live et la seconde guerre punique, en désignant du doigt, à sa classe nomade, les traces carthaginoises d'Annibal; il pourra déjeuner à la station de Trasimène et dîner au buffet de Cannes, en disant: « Chers élèves, ici le consul Flaminius perdit quinze mille hommes sur vingt-cinq mille contre le redoutable Africain. — Ici Paul-Émile et Térence Varron furent défaits avec leurs quatre-vingt mille soldats. Buvons à leurs mânes un verre de lacryma-christi. »

A la station de Capoue, le professeur donnera aux élèves une innocente récréation, en souvenir des délices qui perdirent Annibal. Car, pour les professeurs, tant que notre brave humanité conservera pieusement le culte des traditions, après Cannes, Annibal aura toujours le tort de n'avoir pas marché sur Rome et fait subir à la ville aux sept collines le sort que devait infliger à Carthage, Scipion l'Africain, deuxième du nom.

Les élèves de la Faculté d'Aix, grâce au nouvel embranchement du chemin de fer, peuvent déjà suivre un cours d'histoire romaine, depuis la montagne de la *Victoire*, où Marius défit les Cimbres et les Teutons, jusqu'au camp de Marius, Marignane ; jusqu'au rivage où la prêtresse Martha lui prédit qu'il cacherait un jour sa tête dans l'herbe limoneuse des marais :

Exul limosa Marius caput abdidit ulva.

Ce beau vers de Lucain donnerait encore à un cours d'histoire une bonne leçon de philosophie ; ce géant, sept fois consul, cet épouvantail du monde, est tombé du ciel romain dans le domaine des grenouilles. L'orgueil seul fait une chute si honteuse. L'humanité chrétienne ne s'élève pas beaucoup, mais elle ne tombe jamais.

Ainsi causant de Marius et des marais de Minturnes, *Minturnæ paludes*, nous arrivâmes dans un vallon désert, où les suaves senteurs marines couraient dans les bois de pins et annonçaient le voisinage du golfe. J'ai toujours aimé, dans Xénophon, ce passage où les dix mille Grecs poussent un cri de joie en découvrant la mer du haut des montagnes de la Colchide. C'est qu'après avoir marché longtemps à travers des roches nues, des vallons sauvages, des bois touffus, des horizons étroits, rien n'est splendide et joyeux à l'œil comme la soudaine apparition de la mer, dans l'atmosphère lumineuse du midi. Vu tous les jours, ce spectacle serait tous les jours nouveau. Moi, qui ai vécu avec la Méditerranée toute ma vie, j'en suis encore à l'émotion de la surprise, quand je la découvre calme ou orageuse, avec ses teintes de saphir ou de houle neigeuse, du haut d'une montagne, ou à l'extrémité d'un vallon.

Cette fois, à notre promenade, nous la vîmes sous un aspect assez curieux; elle ne nous permettait pas de croire au voisinage de Marseille; nous étions sur une rive sauvage, inculte, désolée, comme la pointe de Diemen ou de Horn. Les roches nues, rongées par les vagues, les criques sans barques, les bouquets de pins isolés sur une terre aride, les algues amoncelées contre une écluse de granit, une mer déserte comme un Saharah liquide; le silence de l'Afrique intérieure, ou d'un écueil perdu dans l'océan du Sud... Et pourtant, à quelques lieues de là, ces mêmes vagues roulent dans deux ports, sous les quilles de trois mille vaisseaux.

Une colline nous dérobait un hameau composé de quelques maisonnettes; c'est Sausset, une station de pêcheurs. On découvre un peu plus loin une jolie habitation isolée sur un plateau nu ; c'est la maison de chasse de mon ami Charles Roux, un riche industriel, heureusement doué de tous les goûts de l'artiste et faisant du paysage pour son plaisir. Tous les environs sont empreints de la grâce sauvage des solitudes du midi; mais à mesure qu'on s'avance, par les yeux ou le pas, vers l'ouest, on ne découvre plus rien d'habitable; c'est une terre aride qui s'allonge et va former le cap Couronne, dans la haute mer, sur le chemin de l'Espagne. Le mot antique *Colonne* a été remplacé par *Couronne;* cela se conçoit. Les Grecs avaient l'habitude de bâtir des rotondes sur les promontoires; c'est là qu'ils allaient s'entretenir de la nature des choses, et qu'ils demandaient ses secrets au sphinx païen de l'infini, qui ne leur répondait pas. Après les Grecs, les Barbares, les Sarrasins, les Mores, les lansquenets du connétable, en arrivant sur un promontoire, renversaient les rotondes et les colonnades dans la mer, pour faire leur métier de ravageurs. Avec les débris, les pêcheurs construisaient des masures en pierres sèches, et, quand il ne restait plus du cap Colonne que le nom, on ne comprenait pas cette appellation et on la changeait. Puis venaient les étymologistes ingénieux qui, torturés par un secrétaire d'académie de province, finissaient par trouver cette phrase : « *Cap Couronne*, ainsi nommé, parce que Lazare, premier évêque de Marseille, débarquant sur ce cap, y fonda une chapelle, sous l'invocation de *Corona Christi*, la couronne du Christ. »

Carry était le but sérieux de notre promenade. Ce nom a été célèbre pendant huit jours; il est oublié aujourd'hui. Malte-Brun connaît le golfe de Cavery, sur la côte de Coromandel; mais si on lui demandait la position géographique de Carry, il la chercherait au plafond et ne la trouverait pas.

La route qui conduit de Sausset à Carry n'a

pas son égale au monde. On ne quitte pas le bord de la mer; on ne trouve aucune trace d'habitation humaine; on chemine sur des sentiers de chèvres, à travers des forêts de pins qui, à la moindre brise, répètent à l'unisson, comme des écoliers artistes, le chant éternel de la mer.

Devant Carry, on se rappelle cette admirable description que Virgile consacre à un port imaginaire, ce port formé par l'exhaussement opposé de deux côtes, *portum efficit objectu laterum.* L'eau calme et bleue y attend des navires, une douane, un office de pilotes lamaneurs et un peuple de marins. C'est un port vierge. La ville future est aussi attendue sur les coteaux charmants du voisinage. Protys, ce Grec de Phocée, qui, dit-on, a fondé Marseille, aurait pu la fonder à Carry; mais probablement sa galère thessalienne longea la chaîne rocailleuse de Montredon, au lieu de suivre la rive du cap Colonne, cette doublure de Sunium.

Devant le port de Carry, les arbres du nord se sont naturalisés, et, malgré le voisinage de la mer, ils ont pris des proportions majestueuses. Une belle allée de tilleuls, de marronniers, de sycomores, conduit au château seigneurial, édifice peu remarquable, mais tellement voilé par des massifs de verdure, qu'il n'a pas voulu prendre la peine de se faire beau. Quand elle est entourée de paysages splendides, l'architecture doit être modeste. La truelle doit toujours s'humilier devant la création de Dieu. Les plus habiles maçons n'auraient pas osé lutter avec ces admirables lignes de montagnes qui défendent le château et le port contre le terrible vent de nord-ouest; on voit là, sur ce coin stérile, un amphithéâtre de forêts touffues, comme celles qui bordent les vallées allemandes de la Lahn et du Neckar, à Ems et à Heidelberg. Seulement, les forêts des montagnes de Carry conservent leur sombre verdure en toute saison.

La civilisation a créé une foule de localités inhabitables, qui regorgent d'habitants. Nous avons cherché un homme, ou la bergère à cotte rouge de Berghem, dans le paysage de Carry, et nous n'avons trouvé que quatre passants: nous. Silence et solitude partout. Château abandonné, rivage désert, forêts primitives. Devant un humble cabaret, fermé pour cause d'absence acharnée, trois poules veuves picoraient à travers les broussailles. On nous a montré les gîtes où les lièvres songent, les touffes de thym où les lapins viennent *faire leur cour à l'aurore,* mais nous n'avons vu aucun de ces héros de La Fontaine. La vie éclate partout dans cet Éden de la mer, et personne ne vient la prendre. Adam et Ève sont attendus. On peuple la Nouvelle-Calédonie en ce moment, et l'île polynésienne des Pins, où les derniers cannibales mangent encore de pauvres missionnaires à leur repas du soir, comme au temps de Robinson!

Voici ce qu'on a de mieux à faire. On s'assoit sous un dôme de pins, au bord de la mer, et on se raconte l'histoire de M. et de Mme de Caumont, les anciens maîtres du château de Carry. Ces souvenirs peuplent alors ce désert, lui donnent un parfum légendaire et excitent l'étonnement, comme toute fabuleuse histoire des anciens jours, et celle-là, quoique antique par son esprit, date d'hier.

Quand éclata la révolution de 89, M. et Mme de Caumont étaient de jeunes mariés.

Leur palais de la Tour d'Aigues, à Aix, passait pour le Versailles de la Provence; la noblesse y affluait et y dansait avec le Parlement, dans une sécurité enfantine. On ne croyait pas aux nouvelles alarmantes qui venaient de Paris. La Bastille paraissait trop bien assise pour être prise d'un coup de main, et le déficit de M. de Calonne allait être comblé.

Un jour, le palais des Caumont fut obligé d'ajouter foi aux nouvelles, et aussitôt les lustres de la fête s'éteignirent, les salons se fermèrent, la noblesse se dispersa. La jeune et belle Mme de Caumont, ne voulant plus vivre dans un monde où le sang du roi et des princesses coulait sur les échafauds, se fit volontairement l'anachorète de la religion politique; elle ne garda qu'une camériste, se voua par serment à un deuil éternel et s'enferma dans la plus étroite de ses chambres, pour n'en sortir que morte. L'héroïque femme a tenu parole. Il y a quelques années, on vit s'ouvrir une porte fermée depuis un demi-siècle, et qui se lézardait au soleil, sur la place des Quatre-Dauphins, devant l'hôtel de M. Borely, alors procureur général à Aix. Un cercueil parut au milieu des prêtres et des pauvres; il renfermait la dépouille mortelle de Mme de Caumont.

Si toute une ville n'avait pas été témoin de cette incroyable histoire, aucun romancier n'oserait l'écrire. Après dix ans, elle fait encore l'entretien des familles d'Aix, et, tant que le palais des Caumont sera debout devant la fontaine des Quatre-Dauphins, les pères montreront à leurs enfants ce somptueux tombeau, où la martyre de la fidélité monarchique s'ensevelit vivante, et passa un demi-siècle dans la prière et la méditation.

M. de Caumont respecta le vœu de sa femme, et choisit, comme but d'émigration à l'intérieur, le château, les bois et le désert de Carry. Châtelain sans vassaux, et maître sans serviteurs, il embrassa la sainte profession d'anachorète, dans cette Thébaïde de la mer. Toutefois, il faut bien le dire : ici, comme souvent, l'héroïsme de la femme l'emporta sur celui de l'homme. Mme de Caumont émigra dans une cellule, privée d'air, et rompit tout commerce avec le monde extérieur. Il m'a été donné de voir cette noble femme, en 1842, par une fente de porte, et de pénétrer dans le jardin des Caumont[1], ce qui me fit gagner, au profit des pauvres, un pari engagé avec M. le procureur général Borely. Pendant un demi-siècle, personne n'avait eu ce privilége, que je me donnai par ruse et par escalade. Dans la minute où je la vis, minute d'une longue vie, Mme de Caumont était assise sur un fauteuil et lisait; sa noble et pâle figure exprimait la résignation, la souffrance et une mort prochaine, qui était la délivrance d'une héroïque captivité.

M. de Caumont s'était donc résigné à un exil meilleur, *le riant exil des bois,* comme dit le grand poëte Gilbert. Il avait, comme tous les Méridionaux, le vif sentiment des pures voluptés de la mer, des rayons du soleil, des belles nuits étoilées; il avait pour compagne cette admirable nature qui donne la joie à la tristesse, et l'espérance au désespoir. Ainsi l'infortune du noble exilé ressemblait assez au bonheur.

Un jour, — je rappelle ici mon plus ancien

---

[1] Le récit de cette invasion, forme le prologue de mon roman, *André Chénier.*

souvenir d'enfance, — je passais devant le golfe de Carry, dans une grande barque de pêcheur. La journée était superbe, la mer calme et unie comme un miroir de saphir. Nous avancions avec lenteur, car la moindre brise manquait à la voile. Mes yeux ne pouvaient se détacher de ce golfe merveilleux, de ce château voilé par les arbres, de ces montagnes couvertes de forêts. La vie où j'entrais alors par la souffrance m'aurait paru bien belle, si j'avais pu la continuer dans ce paradis de la mer; aucun roi du monde ne me semblait plus heureux que le roi de ce coin de terre. Une voix dit alors :

— C'est le château de M. de Caumont...

Une demande provoqua cette réponse :

— M. de Caumont est un noble d'Aix, qui s'est retiré là depuis la Révolution et n'en est jamais sorti. Il ne voit et ne reçoit personne ; il chasse et pêche, voilà ses seuls amusements.

Ainsi un grand nom et une immense fortune se sont cachés dans cette solitude pendant un demi-siècle, pour donner une leçon de philosophie historique, perdue au désert. Souvent, lorsque je voyais Carry dans le lointain, et que ma pensée arrivait de suite à M. de Caumont, je me demandais ce qui serait advenu, si, après 93, tous les jeunes nobles, se regardant comme morts avec la royauté, se fussent ensevelis, à l'exemple des Caumont, dans les thébaïdes de l'Europe, pour ne plus reparaître en France, même dans leur postérité.

On admire ces actes exceptionnels de désespoir héroïque, mais il est fort heureux qu'ils ne soient pas généralement imités.

Une nuit, — c'était au printemps de 1832, — M. de Caumont, dont le sommeil n'avait jamais été troublé depuis le dernier siècle, fut réveillé en sursaut par des voix d'hommes et des aboiements de chiens, mêlés aux mugissements de la tramontane et de la mer. Il se leva, s'habilla incomplétement, prit son fusil de chasse, examina les amorces, fit le signe de la croix, comme un pieux descendant des croisés, *Calvimons*, et descendit, avec le plus grand calme, sur le perron de son château. Un jeune homme en montait les marches avec précipitation. L'anachorète de Carry se mit sur la défensive, et attendit de sang-froid le nocturne et mystérieux agresseur.

— Noble seigneur de Caumont, dit l'arrivant, nous sommes des naufragés et nous nous réfugions chez vous. Si nous n'étions que des hommes, nous n'aurions pas troublé votre sommeil, mais il y a une femme avec nous.

Celui qui parlait ainsi avait dans son maintien, sa voix, son geste, une si grande distinction, que M. de Caumont ne crut pas devoir craindre une trahison ou une embûche; il fit le signe de bon accueil, et ouvrit la porte du grand salon pour recevoir les naufragés et leur compagne.

Un instant après, plusieurs hommes arrivèrent, et une jeune femme monta lestement les marches du perron, prit la main du châtelain, la serra, et, se penchant à son oreille, elle déclina son nom à voix très-basse. M. de Caumont, qui s'attendait à tout, en vrai gentilhomme, pour ne s'émouvoir de rien, ne s'attendait pas à cette rencontre; il réprima un cri et tomba aux genoux de la jeune femme... C'était la duchesse de Berry.

La princesse releva tout de suite M. de Caumont, et lui dit :

— Je ne suis qu'une pauvre naufragée et

une proscrite; j'ai besoin de protection et de secours. Le temps des hommages est passé.

M. de Caumont offrit sa fortune, son château, ses bras, sa vie, et introduisit la princesse et sa suite dans le vestibule, éclairé par une lampe de veille. Les nobles seigneurs et les vaillants soldats de cette petite cour chevaleresque portaient sur leurs vêtements les traces de la dévastation, les souillures de la tempête et de la mer, et la princesse elle-même était méconnaissable; l'eau ruisselait sur sa robe et dans ses cheveux.

Le vestiaire de l'anachorète de Carry n'était pas assez approvisionné pour fournir des habits de rechange aux passagers du *Carlo-Alberto*. On alluma un grand feu sous le manteau de la haute cheminée féodale, pour sécher les vêtements des hommes, et la princesse, conduite et servie par une vieille paysanne discrète, trouva, dans les défroques de la jeunesse de M. de Caumont, assez de hardes pour quitter la toilette de son sexe et reparaître en costume de chasseur. Elle était calme, gaie, charmante et pleine de confiance dans la sublime folie de son expédition.

— A Marseille, dit-elle, on sait déjà que nous sommes ici; la gendarmerie est à nos trousses. Nous ne nous arrêtons pas, nous passons. Demain, au lever du soleil, nous serons déjà bien loin.

On servit une collation d'anachorète à la princesse et à sa cour; il y avait peu, mais quand le cœur donne, la reconnaissance accepte. On ne contrôle pas le menu du festin. Les convives mangèrent debout et le bâton à la main, comme les Hébreux à la fête du Passage, *Pascha, id est transitus.*

Bien avant le coucher des dernières étoiles, la duchesse de Berry se mit à la tête de sa cour chevaleresque, et dit :

— Messieurs, en avant, et à la garde de Dieu!

Et, sous la conduite d'un passager qui connaissait le terrain, elle se dirigea vers les montagnes boisées, le chemin du nord. M. de Caumont accompagna ses coreligionnaires jusqu'aux limites de son domaine, et là, il reçut, une dernière fois, l'expression de la plus vive reconnaissance, témoignée par la duchesse de Berry, dans des termes si honorables et si flatteurs, que leur souvenir a réjoui la vieillesse et peuplé la solitude de l'anachorète, chatelain de Carry.

A l'époque du procès du *Carlo-Alberto* et des assises de Montbrison, les noms de Carry et de Caumont retentirent dans les journaux et les entretiens du monde politique; mais, depuis 1832, nous avons vu tant de choses, et prononcé tant de noms que nous avons presque tout oublié. Le *Carlo-Alberto*, Montbrison, la Vendée contemporaine, la Pénicière, et même l'infâme trahison qui aboutit à Blaye, toutes ces choses qui ont passionné l'Europe sont sorties de toutes les mémoires aussi aisément que le *droit de visite*, la *question du Texas* et l'*affaire Pritchard*. Le lendemain dévore la veille. L'histoire est faite pour enrichir l'historien et l'éditeur, mais le lecteur est rare, si l'acheteur est nombreux, et souvent la mémoire manque au lecteur. Le fleuve de Léthé coule partout, et chacun s'y abreuve. Seuls les grands faits et les grandes dates restent dans les cerveaux humains : 1789, 1830, 1848, 1852. Ce sont les jalons de notre vie; mais il ne faut pas remonter plus haut. Les tours de la Bastille sont les colonnes du passé. Est-ce la faute de l'histoire? peut-être oui. A force de vouloir être grave, elle repousse l'homme, cet enfant éternel.

Si l'on parle encore de Mme de Caumont dans les salons désœuvrés de la ville d'Aix, personne ne s'y souvient du chatelain de Carry. Dans quelques années il en sera de même de la recluse de la Tour d'Aigues. Les souvenirs qui ne s'attachent qu'à l'homme ont cela de fatal. Pour se sentir incessamment renaître et revivre, il faut retrouver cette nature éternellement jeune qui accomplit insoucieusement toutes les évolutions. Carry, Gemenos, les Aygalades, Montredon, voilà ce que nous allions revoir à Marseille et, si les Marseillais d'autrefois disparaissent chaque jour, espérons du moins que le temps et les hommes respecteront ces grandes œuvres de Dieu.

Dans notre Provence, à Marseille, à Toulon, dans cette vieille et calme cité d'Aix, si splendide encore avec ses grands hôtels abandonnés, toute pierre parle et rien n'est triste quelquefois comme ces retours vers un passé, qui a eu sa grandeur sans doute, mais qu'il est bon de ne pas trop essayer de faire revivre. Sans être oublieux, il faut savoir regarder en avant. En devenant essentiellement française, la Provence inaugure une ère nouvelle Marseille, avant peu, fera voir à la Méditerranée la puissance mercantile et industrielle de Liverpool et de New-York. Les voies ferrées achèveront l'œuvre des paquebots ; elle sera un des trois ou quatre grands centres d'où partira toute la vitalité du monde. Et ce que ne montreront jamais ni Liverpool ni New-York, c'est ce que la nature a donné à cette cité heureuse entre toutes, un soleil bienfaisant qui n'engendre aucun des terribles fléaux du monde tropical.

FIN DE MARSEILLE ET LES MARSEILLAIS

EN PROVINCE

EN PROVINCE

I

Au café Bellono.

Sur la lisière du village de Saint-Anaclet, situé à six cent quatre-vingts kilomètres de Paris, on verrait, si on y passait, une jolie usine de drap *londrin,* qui rend deux services à la localité : elle fait travailler beaucoup de monde et compose un paysage charmant. Il y a une chute d'eau vive qui fait tourner une énorme roue ; une prairie, moitié à l'ombre, moitié au soleil ; un quinconce de platanes, une ferme, une basse-cour, une treille animée par une innombrable famille de ces oiseaux qui oublient leurs ailes pour vivre en campagnards sédentaires avec les fermiers.

Une petite maison bourgeoise, avec perron et persiennes vertes, est adossée aux vastes et anciennes constructions de l'usine de M. Vincent Cartoux. Une famille de quatre personnes habite le rez-de-chaussée et les deux étages de cette maison charmante; c'est dire que chacun y peut vivre à son aise : le propriétaire d'abord, sa femme, une jolie fille de seize ans, Mlle Juliette, et Maurice, son frère aîné.

A l'heure où commence cette histoire, un nuage de tristesse couvre cette habitation, bâtie pour le bonheur d'une famille. Maurice est assis sur une marche du perron et pousse des soupirs qui semblent, comme la fumée de son cigare, prendre la direction du chemin de fer du Nord. Sa mère, une femme encore très-jeune, quarante ans à peine, est assise à côté de Maurice, et a pris l'attitude résignée d'une mère qui a épuisé les arguments de la tendresse et de la raison pour détruire une de ces résolutions folles, si souvent embrassées par les jeunes gens lorsqu'ils se dégoûtent du bonheur domestique et veulent un peu tâter du malheur étranger.

Le père est absorbé par les soins matériels de son usine; il donne en ce moment audience à un économiste parisien qui a découvert un mécanisme ingénieux applicable au décatissage des draps.

Juliette étudie à son piano un nocturne du célèbre Kaittzenberg, qu'elle doit jouer, à quatre mains, avec son amie, Mlle Augustine Delombois, fille de M. Ferréol Delombois, lieutenant-colonel dans les zouaves. Cette grave occupation l'absorbe entièrement. C'est toujours une chose sérieuse pour une jeune fille que de faire de la musique, surtout en compagnie, et on comprend que Juliette restât en ce moment étrangère à tout ce qui se passait dans la maison.

En général, les soucis domestiques pèsent toujours sur le front des mères; elles seules, quand un malheur ou un chagrin arrive, ne savent pas et ne veulent pas trouver des distractions.

— Enfin, mon cher enfant, dit Mme Cartoux,

comme surrexcitée par un dernier effort ; enfin tu as vingt-deux ans et te voilà ton maître. Ton âge te permet même de tuer ta mère par la douleur.

Maurice tressaillit, essuya une larme, et, prenant la main de sa mère, il dit avec vivacité :

— Mais, bonne mère, ne me déchirez pas le cœur... On ne meurt pas de ces choses-là... C'est une séparation... un voyage... rien aujourd'hui... avec les chemins de fer... Autrefois, c'était différent... du temps de mon père... avec les diligences... Aujourd'hui nous sommes toujours voisins... Lisez les journaux... la distance est supprimée... les journaux qui paraissent demain à Paris nous arriveront le soir... A mon âge, il est honteux de ne pas connaître la capitale... Le fils du percepteur se moque de moi... Tout le monde va à Paris maintenant.

— Mais, mon cher fils, interrompit la mère, je ne suis pas injuste au point de refuser mon consentement à une chose aussi naturelle... Permets-moi seulement de te dire que tu choisis mal ton moment pour faire ce voyage, car

M. Delombois, le père d'Augustine, regarde ton mariage comme rompu si tu pars. M. Delombois a habité Paris pendant quinze ans, et il disait encore hier que le mariage est passé de mode à Paris pour les jeunes gens; on n'y voit marier que les vieux.

— Ma mère, reprit Maurice, je vous l'ai déjà dit hier et je vous le répète, je suis trop jeune pour me marier.

— Mais, cher enfant, il fallait dire cela il y a trois mois!

— Oui, bonne mère, j'ai eu tort.

— Eh bien, mon fils, ne débute pas dans la vie par un tort; écoute ta mère; ne désole pas deux familles.....

Maurice fit un geste d'impatience.

— Notre parole est engagée avec nos voisins et amis les Delombois. Songe à cette pauvre Augustine, ta fiancée du berceau, un ange de grâce et de bonté... Elle me donne déjà le nom de mère... Tiens, cela me fait pleurer!... et toi, tu pleures aussi... Allons, Maurice, ton bon ange te parle, écoute son conseil, ne pars pas. Il voulait partir, ce méchant!... Voyons, Maurice, promets-moi...

— Je ne partirai pas, dit Maurice; et il ajouta en aparté : — ce soir!

— Ce soir! dis-tu, reprit la mère; ce soir! Oh! tu as beau parler bas, l'oreille d'une mère entend tout. Voilà donc tout le sacrifice que tu me fais... un délai d'un jour!... Ainsi tu partiras demain?... réponds, Maurice.

La voix de M. Cartoux retentit dans le vestibule et interrompit l'entretien avant que Maurice eût pu dire un mot qui rassurât entièrement sa mère. L'économiste parisien et l'industriel parurent au sommet du perron.

Malgré la chaleur, l'économiste était tout habillé de drap noir pour honorer l'usine, et il marchait avec pompe pour honorer sa dignité de savant parisien.

— Permettez que je vous présente à ma femme, dit M. Cartoux à l'économiste. Madame Cartoux, j'ai l'honneur de vous présenter monsieur Karjalas, candidat à l'Académie des sciences morales et politiques, à la première vacance.

Mme Cartoux fit une révérence et rentra dans la maison.

L'économiste prit congé de M. Cartoux en lui disant :

— Vous obtenez ainsi une économie de vingt-cinq pour cent, ce qui vous permet de livrer vos produits bien au-dessous du prix courant ordinaire, chose énorme par le temps de concurrence où nous vivons. Vous avez pris le problème comme il devait être pris. Si vos confrères se montraient aussi intelligents que vous, nous n'aurions bientôt plus rien à envier à nos rivaux étrangers.

L'industriel rayonnait de joie et serrait les mains du savant.

Mlle Juliette accompagnait au piano les paroles de l'économiste parisien.

Maurice s'était lentement esquivé à travers un massif de platanes, et il avait déjà pris le chemin d'une petite ville très-voisine et dont le nom importe peu à la moralité de cette histoire.

Les villages ont toujours le malheur d'avoir des villes pour voisines. Ce malheur est aujourd'hui plus grand que jamais.

Le géographe Vosgien, toujours généreux, accorde six mille âmes à la petite ville de ***.

Autrefois la grande route la traversait dans toute sa longueur et donnait la vie à ses hôtels de de *la Poste*, de *la Croix d'Or*, du *Grand-Cerf*, des *Deux Pigeons* et de *la Cloche d'Or* ; mais il n'en reste plus que les enseignes à demi effacées par la pluie, sortes de reliques qui protestent contre le chemin de fer et font croire à la restauration des diligences, en 1900, comme l'a prédit un aubergiste de la ville de Salons, patrie de Nostradamus, dans un quatrain imité du poëme ancien :

> En l'an neuf cent, machine lourde
> A tretous parfit damne et mal.
> Gens moult rioient d'icelle bourde,
> Au campas renovoient cheval.

C'est clair comme le jour, et les aubergistes de la petite ville de *** se nourrissaient d'espoir en attendant le siècle nouveau.

Le *Café Bellone*, café de la garnison disparue, a gardé encore une certaine animation : ses deux gravures du général Foy et de Cambronne sont un peu enfumées ; son comptoir et sa jardinière datent de l'amendement Boin, qui causa en France une si vive émotion, et que toute la France a oublié aujourd'hui, sans excepter M. Boin, son inventeur. La dame de comptoir remonte à la même époque ; mais elle n'a pas changé, grâce au retour des mêmes habitudes et à la monotonie permanente d'une existence invariable. Le personnel des habitués est contemporain de la création du café Bellone : le percepteur, un rentier, un oisif, un capitaine en retraite, un lecteur de journaux et un buraliste de papier timbré. On joue aux dominos et au piquet à écrire. Le rentier cause avec la dame du comptoir, et ce petit monde est heureux, ou fait semblant de l'être, ce qui est la même chose.

A neuf heures du soir, le lecteur de journaux prend la parole et résume la politique du jour. Après quoi, l'unique garçon, endormi devant le poêle, se réveille et sonne le couvre-feu. On dépose les pipes à la panoplie, et tout le monde sort avec l'espoir de recommencer le lendemain, et toujours. On dirait que ces bons bourgeois ont lu cette phrase de Chateaubriand : *si j'avais encore la folie de croire au bonheur, je le chercherais dans la mono-*

tonie des petites habitudes. Pas un de ces oisifs habitué du *Café Bellone* ne pourrait vivre quinze jours dans un palais de la Chaussée-d'Antin.

Tout à coup le diapason des entretiens et des dialogues du domino et du piquet fut troublé par l'arrivée du jeune Cyprien Garella, fils d'un riche fermier du canton.

Depuis une quinzaine de jours le café Bellone n'était plus reconnaissable.

Les joueurs oubliaient des *quatorze* au piquet et mettaient des *cinq* sur des *six* au domino, ce qui excitait des rumeurs infinies et provoquait des discussions désagréables. La dame de comptoir daignait alors descendre de son trône de faux acajou, et d'une voix douce, elle essayait de ramener le calme dans les esprits et de rendre à son établissement un peu de ce silence si nécessaire aux jeux de combinaisons et à la placidité somnolente des fumeurs. L'ordre renaissait un instant à l'invitation de cette femme que tous avaient adorée en 1829.

Mais l'incorrigible Cyprien recommençait bientôt dès que son auditeur enthousiaste, notre jeune Maurice Cartoux, arrivait pour fumer un cigare et prendre un grog *à l'instar de Paris.*

La huitième séance commençait ; les deux jeunes gens, assis devant un guéridon, à côté du comptoir, excitaient déjà des murmures aux premières phrases, et la dame regardait le plafond et croisait ses mains, comme si un éclair eût annoncé le tonnerre. Le percepteur faisait retentir les dominos, en les mêlant avec furie sur le marbre, pour couvrir, par ce fracas permis, le bruit illicite des entretiens oiseux.

— Tu comprends, disait Cyprien en baissant la voix, tu comprends qu'il est impossible de vivre avec ces vieilles ganaches quand on a habité Paris six semaines comme moi. C'est à mourir d'ennui.

— Et on ne s'ennuie jamais là-bas ? demandait Maurice, dont le teint prenait la nuance écarlate au seul nom de Paris.

— S'ennuyer ! s'ennuyer ! mon ami, reprenait Cyprien avec enthousiasme ; mais demande à mon cousin, qui était avec moi : les jours nous passaient comme des minutes. On est enlevé par le temps; un plaisir sur chaque pavé, une distraction à toutes les vitres, on n'a que l'embarras du choix. C'est bouleversant, comme dit mon cousin.

— As-tu été au pré Catelan?

— Vingt fois! C'est un vrai paradis; on y passe toute la nuit. C'est éclairé comme à midi; des fleurs partout, des femmes partout, et quelles femmes! Elles ont un accent parisien qui ressemble à la musique. Moi, je ne puis plus entendre l'accent des femmes de notre pays. Et un esprit!... A propos, j'ai failli me marier...

— Bah!

— Oui; cela n'a tenu presque à rien.

— Tu t'ennuyais donc?

— Pas du tout, Maurice; je me mariais pour épouser une Parisienne... La fille d'un banquier... D'abord, il faut te dire que les Parisiennes aiment beaucoup les jeunes gens de province, et surtout du Midi, à cause de notre franchise... Le père voulait me donner un intérêt dans sa maison de banque, et m'obligeait à travailler dans son établissement, de sept heures du matin à sept heures du soir. C'était la condition, l'unique condition; je n'ai pas voulu m'enchaîner.

— Tu n'aimais donc pas sa fille?

— J'étais sur le point de l'aimer. Une fille ravissante, qui chante comme au grand Opéra et de première force au piano, avec un accent de rossignol !

— Et les théâtres, Cyprien? Tu m'as très-peu parlé des théâtres.

— Oh! mon ami, tu ne peux pas te faire une idée des théâtres de Paris. On n'en sortirait pas. J'ai vu, l'autre jour encore, une féerie, *Cricri*, au boulevard ; c'est à y laisser les yeux. Figure-toi qu'il y a un arbre grand comme l'ormeau de la place de l'église, plus grand même : cet arbre disparaît et se change en sérail, avec des odalisques.

— Est-ce possible! s'écria Maurice enthousiasmé.

— Comme je te le dis, en sortant de cette féerie, j'étais aveugle ; il m'a fallu prendre un fiacre pour rentrer à l'hôtel... Le lendemain j'allai au grand Opéra.

— Que jouait-on?

— *Robert-le-Diable*, rien que cela! Il y a

sur le théâtre plus de soixante chevaliers qui jouent aux dés, au *passe-dix,* avec le diable, et ils font toutes sortes de farces à une petite Normande, jolie comme tout; et, au troisième acte, il y a un cimetière rempli de religieuses mortes qui ressuscitent et qui dansent presque nues. Je ne sais pas comment la police n'empêche pas ça. Puis, à la fin, on voit une église grande comme Saint-Jean, à Lyon, avec cinq cents lampes d'argent, mon cousin les a comptées. C'est magnifique! Et, dans toutes les loges, la meilleure société de Paris en dames et en messieurs, tous avec des gants et des lorgnettes. La loge de l'empereur est en velours rouge rehaussé de crépines d'or ; elle coûte vingt-quatre mille francs. Le lustre est grand comme ce café.

— Oh! décidément, il faut que j'aille à Paris, dit Maurice en frappant du poing le guéridon.

— Et si tu savais comme on s'amuse pendant le jour! reprit Cyprien. Tout le monde se promène sur le boulevard; il y a des cafés à à droite et à gauche, et des gens qui parlent avec l'accent parisien. On voit passer les dames mises comme des princesses les jours de gala, et tous les fameux auteurs ; mon cousin les connaît tous.

— Tu as vu Alexandre Dumas ?

— Comme je te vois... tout aussi près... j'ai failli lui parler.

— Vraiment !

— Il fumait, et il m'a demandé du feu ; j'ai ouvert la bouche pour lui faire un compliment ; mais le tremblement m'a pris et je n'ai pas osé dire un mot.

— As-tu vu Théophile Gautier ?

— La veille de mon départ j'ai dîné à côté de lui au café Anglais. Il dînait, lui, en tête-à-tête avec M. Scribe. On aurait dû faire payer les places pour écouter leur conversation. Ah ! que de champagne ils ont bu ! Ils faisaient un vaudeville.

— En dînant ?

— Mais, oui ; tous les vaudevilles se font comme ça ! Quand j'en avais assez du boulevard, je montais à cheval et j'allais au bois de Boulogne.

— On peut louer de bons chevaux ?

— Oui, rue de la Michodière, chez Michalon, qui vient d'acheter les écuries d'un milord anglais, mort cet hiver. Les belles bêtes! Je montais Fanny, une élève de Baucher. Des jambes fines comme des allumettes, une robe luisante comme un miroir, un œil vif comme un charbon allumé. Vingt francs pour quatre heures!

— Ce n'est pas cher.

— Nous étions plus de deux mille cavaliers au bois de Boulogne. Mon cousin m'a montré des chevaux de dix mille francs. On traverse une procession de calèches; on passe en revue les plus jolies femmes de Paris : des duchesses, des marquises, des comtesses, toutes les dames de la cour. On reste ébahi, ma foi!

— Et le bois de Boulogne est bien beau, m'a-t-on dit?

— Ah! par exemple! il n'y a rien de plus magnifique sur la terre. Les Anglais même en conviennent, eux qui sont si jaloux. Et Versailles! oh! Versailles! un palais d'un kilomètre de longueur; il faut trois mois pour le visiter. On vous montre les jardins où Louis XIV se promenait avec Mme de Pompadour; avec des bassins d'eau douce à perte de vue, et tous les dieux de la fable, en bronze massif, qui ont coûté cent millions pour établir. Le soir, quand je suis rentré à Paris, j'avais la fièvre; le concierge a dit : — Je comprends; ça m'a fait le même effet la première fois.

— Et ils veulent que je reste ici dans ces embêtements de village ! s'écria Maurice. Oh ! mon parti est pris !

— Vois-tu, mon ami, reprit Cyprien, en province, tu deviendras une huître comme ces messieurs qui jouent au domino.

— Je le sais ! parbleu ! je sens déjà que la coquille me pousse sur la peau. Et toi, Cyprien, tu ne resteras pas dans ta ferme, j'espère bien ?

— Moi, je reverrai Paris l'hiver prochain... Entre toi et moi, j'ai noué une petite intrigue... N'en parle pas... Nous sommes en correspondance... Des lettres ! oh ! elle écrit comme Mme de Sévigné... peut-être mieux... Et puis, vois-tu, l'hiver est la vraie saison parisienne. On ouvre les salons. Le beau monde est rentré de la campagne. Mon cousin m'a promis de me montrer deux académiciens et de me faire assister à une première représentation au grand Opéra... Veux-tu que je te fasse une confidence?...

— Voyons... parle...

— Mais sous le plus grand secret...

— Sois tranquille.

— A cause de mon père... Tu sais que mon père m'a envoyé à Paris pour étudier le système d'espaliers, les pêches de Montreuil, la pisciculture chez M. Coste, et les vaches laitières chez M. Flourens?

— Oui. Eh bien! après?

— Je n'ai pas mis les pieds à Montreuil, je n'ai pas vu M. Coste, et j'ai oublié le nom de M. Flourens; mais j'ai dépensé les mille écus que mon père m'avait donnés pour ces études...

— Et la confidence? la confidence? interrompit Maurice.

— Attends donc! j'y arrive. La confidence la voici... Mon cousin m'a fait entrer dans les coulisses du grand Opéra.

— Vraiment!

— Oui! Maurice, il n'y a que les ambassadeurs et les auteurs qui entrent là. Ah! mon cher, il faut voir ces coulisses!... la première chanteuse est comme une reine; elle a deux femmes de chambre qui la suivent avec des orangeades et du malaga. Quelquefois elle s'arrête pour causer avec un ambassadeur, et alors tout le monde écoute. Moi, j'ai causé cinq minutes avec la chanteuse à roulades, une femme superbe, presque de ma taille, parce qu'au grand Opéra toutes les chanteuses doivent être grandes, à cause du théâtre, un théâtre immense! La haute-contre est un petit géant; eh bien, quand on le voit du parterre, il paraît de la taille d'un voltigeur... Mais que te disais-je?

— Tu me parlais de la chanteuse à roulades.

— Ah! oui, j'y suis!... Elle a beaucoup d'esprit, et elle cause comme un auteur; ce n'est pas étonnant, ces femmes-là sont toujours avec les journalistes, les savants, les académiciens. Elle se plaignait beaucoup de la chaleur, et elle me disait : « J'aimerais mieux me promener au frais dans le bois de Boulogne... » Vrai! est-ce joli? Je passerais ma vie, moi, dans les coulisses du grand Opéra.

— Et ton cousin peut-il m'y faire entrer, moi aussi? demanda Maurice.

— Oui, mais une fois par semaine seulement.

— En arrivant, j'irai voir ton cousin.

— Mais... attends... je crois qu'il est en Angleterre jusqu'au mois de décembre... je ne l'affirmerais pas, cependant.

— S'il est en Angleterre, je me débrouillerai tout seul.

— Au fait, Maurice, un étranger n'a besoin de personne à Paris. S'il est embarrassé par la moindre chose, il y a, à tous les coins, des commissionnaires très-honnêtes, ce sont des Auvergnats, qui donnent tous les renseignements... On les reconnaît tout de suite : ils ont une médaille, un air de bonté et une veste de velours.

Tout à coup, un violent tumulte éclata au guéridon du piquet.

— Vingt-sept et trois as! s'écria le rentier, font quatre-vingt-dix.

— Mais vous avez oublié de compter les trois as! criait le percepteur.

— Ah! voilà ce que je nie! reprit le rentier; j'ai dit *trois as* distinctement, mais à voix basse, parce que je suis enrhumé.

— Au reste, dit le percepteur d'un air grave,

je m'en réfère au jugement de la galerie... Quelqu'un a-t-il suivi le coup?

— Je l'ai suivi, moi, dit le capitaine en retraite sur le ton d'un chef de jury, et sur mon âme et conscience j'affirme que monsieur n'a pas accusé trois as.

— Mais aussi, s'écria le rentier en déchirant les trois as, il est impossible de jouer une partie sérieuse dans ce café plein de bavards. Malgré moi, j'écoute la conversation de ces deux beaux messieurs, et je fais des bêtises d'écolier!

— Sauvons-nous, dit Maurice à l'oreille de Cyprien.

— Ah! voilà un beau malheur, dit Cyprien en ouvrant la porte; ils jouent dix centimes en cent cinquante points! Maurice, il faut nous cotiser pour lui donner une indemnité de deux sous. Es-tu en fonds?

— Vous êtes un insolent, monsieur! cria le rentier; et vous faites le malheur de votre père, qui gémit sur votre conduite.

— Au nom du ciel! dit la dame de comptoir avec des larmes, respectez l'établissement d'une veuve, d'une pauvre veuve ruinée par le chemin de fer.

— Ah çà! dit le capitaine en retraite, n'allez pas trop réveiller un vieux lion de Constantine, ou bien je vous montre mes dents. Madame a raison, et le militaire est toujours du parti de la beauté.

Cette sortie brusque éteignit le tumulte. Les jeunes gens sortirent.

— Tu vois, dit Maurice dans la rue, tu vois qu'il est impossible de vivre au milieu de ces fossiles. Veux-tu partir demain avec moi pour la capitale?

— Ma foi! dit Cyprien hésitant, je ne demanderais pas mieux... mais...

— Mais... quoi?

— Mon père m'a coupé les vivres.

— Bah! voilà un bel obstacle! j'ai des vivres pour deux, moi. Ouvre un emprunt dans ma caisse; ton père est riche, et il n'est pas éternel.

— Quelle tentation!... Maurice, si tu pars, je ne veux pas rester seul ici pour compléter la douzaine des huîtres du *Café Bellone.* Je n'ai donc qu'une ressource, c'est l'emprunt de l'amitié.

— Va faire tes malles, Cyprien, et à demain, à la gare, onze heures cinquante minutes, *express-train*.

Deux mains serrées conclurent le marché, avant la séparation.

Toute l'éloquence d'une mère n'aurait pu triompher maintenant de cet obstiné Maurice, après ce dernier entretien où Paris venait d'être dépeint sous des couleurs si séduisantes. La pauvre tête de Maurice était en ébullition ; le paradis parisien s'y déroulait en mille tableaux éclairés au gaz, avec des bruits confus et charmants comme les grelots d'or du carnaval de Venise. Encore un jour de mort provinciale et de sépulcre villageois, et le jeune enthousiaste arrivait à l'extase des élus par la gare du chemin de fer du midi.

Le lendemain, à onze heures et demie, la tristesse assombrissait la jolie maison et le paysage de l'usine. Maurice avait dans une oreille ce mot *Paris,* et dans l'autre celui-ci : *capitale ;* il ne pouvait donc entendre les derniers adieux et les larmes de sa mère ; excepté pour deux mots, Maurice était tout à fait sourd.

Le coup de sifflet du départ fit tressaillir le jeune voyageur; le son de la cloche tira de ses yeux quelques larmes inattendues. Au même instant, le clocher de son village vint faire sa partie mélodique dans le vacarme de la station; il sonnait l'*Angelus* de midi, et cette voix aérienne répandait une sérénité délicieuse dans la campagne. Maurice écoutait, et n'osant trop s'attendrir, par respect humain, devant la société du wagon, il laissa couler en abondance ces larmes invisibles dont le réservoir est au fond du cœur.

II

A Paris

En descendant sous le hangar du midi, Maurice se vit accueillir par une de ces pluies froides et obstinées que Paris, si bien nommé *Lutèce*, ville de la boue, trouve le secret de produire dans les plus beaux jours de la chaude saison. Sous le ciel du nord, l'hiver a toujours un pied-à-terre quelque part en été.

Ainsi que les Méridionaux, Maurice regardait la pluie comme une ennemie personnelle, et il entra dans Paris avec la mine soucieuse que les plus braves montrent sur le terrain des duels.

Un fiacre conduisit les deux jeunes voyageurs à l'hôtel central que Cyprien avait quitté, depuis quelques semaines seulement, une antique maison, sombre comme un souterrain percé de lucarnes, et égayée par des caisses de bois vert avec de jeunes cyprès qui représentent la verdure des bois et des jardins au mois d'août dans l'enceinte de Paris.

Cyprien semblait avoir perdu son enthousiasme du café Bellone; il parlait peu et ne citait plus son cousin.

Maurice ouvrit la fenêtre de sa chambre garnie, et vit une rue longue, brumeuse, tortueuse, sillonnée par des squelettes de chevaux et de cochers empaillés sur leurs siéges. La pluie arrosait cet hippodrome en ruisselant sur des files de petits parapluies qui ne la paraient pas.

On sonna la cloche du déjeuner.

— En attendant, déjeunons, dit Cyprien.

— Et après? demanda Maurice.

— Après... après, nous verrons.

La salle à manger était sombre comme le réfectoire d'une prison. La table s'émaillait de rouleaux de serviettes étranglées par des colliers de fer-blanc noir. L'atmosphère gardait dans tous ses atomes un parfum de fricandeau faisandé qui neutralisait l'appétit.

Les voyageurs descendaient et prenaient place, avec une lenteur mélancolique et des visages endormis. Personne ne parlait, comme au réfectoire de la Chartreuse. Le maître d'hôtel, cravaté de blanc, promenait des regards de satisfaction sur la table, et veillait au service avec des soins paternels.

Maurice trouva que la cuisine au beurre était incompatible avec l'éducation méridionale de son estomac, et il déjeuna avec du pain sec et un hareng cru.

Après le dessert, le garçon apporta triomphalement une collection de tasses bleues, pleines d'eau chaude, et tous les convives se précipitèrent sur ces gracieux bains de mâchoire, et exécutèrent un chœur de nettoyage à dégoûter de la propreté pour toujours.

— Je déjeunerai avec les monuments, pensa Maurice ; on ne me servira pas au beurre le Louvre et le Panthéon.

— Mon ami, lui dit Cyprien, tu débutes mal à Paris.

— Oui, répondit Maurice ; mais toi, je ne te reconnais plus, tu es muet, ton œil est éteint, ton attitude est ennuyée. As-tu du regret d'être venu ?

— Je suis venu pour t'accompagner, voilà tout.

Ces mots furent dits d'un ton sec.

Après un moment de silence, Maurice dit :

— Par quel monument veux-tu que nous commencions ?

— Ah ! tu crois, reprit Cyprien, que nous allons courir les monuments avec cette pluie et cette boue ? Moi, je vais dormir. En chemin de fer, je ne dors pas.

— Et moi, que ferai-je ?

— Tu iras voir mon cousin...

— Ah ! ce fameux cousin !... je le connais beaucoup de réputation... Tu m'en as parlé assez souvent... Où demeure-t-il ?

— Rue Neuve-Saint-Augustin, 21. Michel Grabelot. Tu le trouveras ; c'est l'heure de son déjeuner... Tiens..., regarde..., je bâille. Il faut que je dorme trois bonnes heures au moins... Le sommeil me refera peut-être... Dis au garçon de faire venir un fiacre... Cette horrible pluie tombe toujours !... Ah ! je crois que nous ferions bien de repartir ce soir...

Maurice fit un bond de surprise et s'écria :

— Et les monuments !

— Ah ! les monuments ! qu'ils aillent se promener ! Adieu, je vais dormir.

Cyprien tourna sur ses talons et gagna sa chambre, après avoir donné une seconde fois l'adresse du fameux cousin.

Maurice était immobile au bas de l'escalier. Il ne comprenait pas ce blasphème lancé par Cyprien contre les monuments de Paris, et cependant il ne savait trop à quoi se déterminer.

— Allons chez Michel Grabelot, se dit-il en prenant une résolution.

Il monta dans un fiacre et dit au cocher :

— Rue des Augustins, 21.

— Les Petits, les Vieux ou les Grands ? demanda le cocher à moitié endormi.

— Ah ! je ne sais pas, reprit Maurice qui ne comprenait guère le sens de la question ; mais ce doit être les Grands. Le cousin est riche.

Le fiacre partit, traversa des rues sans monuments, et arriva au Pont-Neuf. Un brouillard pluvieux couvrait la rivière et les deux horizons.

Le cocher s'arrêta devant le n° 21. Maurice ouvrit la portière, et ayant lu dans le vestibule cette inscription impérieuse : *Parlez au portier*, il adressa la parole au portier, tout en blâmant la forme despotique de cette étrange invention.

— M. Michel Grabelot ?

— Nous n'avons personne de ce nom chez nous, dit le portier en continuant de lire un journal.

— Le cousin de M. Cyprien Garella.

— Inconnu, reprit le portier sans lever la tête.

Et il poursuivit ainsi sa lecture à haute voix pour mieux reprendre le fil interrompu d'un *fait-Paris* :

— *Tout le quartier était en émoi. L'assassin a été arrêté au moment où il prenait la fuite, et...*

— Pardon, monsieur le portier, interrompit Maurice ; pourriez-vous m'indiquer où demeure M. Michel ?...

— Ah çà, mais ! s'écria le tyran domestique,

veut-on me laisser lire mon journal? Je vous dis que je n'ai jamais entendu parler de ces gens-là !... *et conduit au poste voisin...*

Maurice n'insista plus. Il repassa le seuil de cette maison et dit à son cocher :

— Il paraît que je me suis trompé... ce doit être rue des Petits-Augustins, 21.

Et il remonta mélancoliquement dans le fiacre après avoir reçu l'averse d'une gouttière sur son chapeau neuf.

Le cocher s'arrêta une seconde fois à l'adresse indiquée, et demanda à Maurice s'il avait le temps de donner l'avoine à son cheval qui tombait d'inanition sur ses quatre fers.

— Pauvre bête ! dit Maurice. Oui, oui, vous aurez le temps, je causerai au moins une heure là-haut.

Le portier de ce n° 21 jouait au piquet avec un confrère.

— *Connais pas*, répondit-il à la demande de Maurice ; et il ajouta d'un ton colère : Si j'avais gardé mes trèfles, je faisais quatre-vingt-dix ! Sacrebleu !

Le confrère, joyeux de cet écart, fredonnait

le nom de Michel Grabelot, sur l'air des *Bottes de Bastien*.

Maurice reparut devant le cocher et lui dit d'un ton lamentable :

— Ce n'est pas là !

— Je crois bien, répondit le cocher en se frappant le front... il n'y a plus de rues des Petits-Augustins ; elle est abolie ; elle a changé de nom : c'est la rue Bonaparte... Monsieur confond sans doute avec le quai des Grands-Augustins... oui... nous y sommes maintenant... Monsieur veut-il bien attendre dans la voiture que mes chevaux aient fini leur picotin?... Depuis six heures nous n'avons pas mis un morceau sous la dent. Il pleut depuis la Saint-Médard... il a plu à la Saint-Gervais... il pleuvra, dit M. Faradesche, jusqu'aux cerneaux ; et M. Faradesche s'y connaît, c'est un marchand de parapluies, rue Lamartine, 8. Nous gagnons pas mal à cela, nous ; mais nos bêtes se tuent, quand saint Médard fait des siennes. En 1838, je suis entré dans l'état ; il a plu depuis le 8 juin jusqu'au 15 octobre, ce qui a ruiné le jardin de Tivoli, un beau jaudin ! Moi, je mis quinze louis à la caisse d'épargne, et je fis brûler un cierge à saint Médard dans l'église de Saint-Gervais, parce qu'il faut être reconnaissant.

Ce langage, ces mœurs, ces choses qui constituaient un début dans la vie parisienne, étaient tellement en dehors des habitudes de province et de toutes les histoires ou tous les contes faits à l'éloge de Paris par les commis voyageurs de l'anecdote, que Maurice, trempé de pluie, transi au mois d'août, maltraité par des portiers, intrigué par saint Médard, crut de bonne foi qu'il continuait un de ces rêves convulsifs qui ne sortent ni des monts Cimmériens dont parle Ovide, ni de la porte d'ébène dont parle Virgile, mais qui sont élaborés dans la chaudière d'une locomotive et brûlent le front des voyageurs dans un horrible fracas de sifflets, de ferrailles, de gémissements de cratères, de cavatines volcaniques, de tremblements de wagons.

Michel Grabelot était encore un inconnu pour le portier du quai des Grands-Augustins.

Maurice demanda, d'une voix de somnambule, au cocher, s'il y avait encore quelque Augustin sur la carte de Paris.

— Oui, monsieur; fut-il répondu, il y en a pas mal encore... Voulez-vous essayer de la rue Neuve-Saint-Augustin ?

— Essayons, dit Maurice ?

Et il se blottit dans le fiacre, sur des coussins inondés par l'éternelle pluie de saint Médard.

A la demande ordinaire, cette fois, le portier de la rue Neuve-Saint-Augustin répondit avec une volubilité automatique :

— Au cinquième au-dessus de l'entre-sol, corridor à droite, troisième porte à gauche. Essuyez vos pieds en montant.

Maurice n'osa pas faire répéter cette longue phrase géographique, tant il commençait à craindre la colère des portiers, et il se résigna noblement à entreprendre ce pénible voyage aérien avec la boussole du hasard.

En arrivant au cinquième étage, il sonna timidement à trois portes, que trois servantes brusques ouvrirent et fermèrent en disant :

— Ce n'est pas ici.

Il se souvint alors qu'il n'avait pas compté l'entre-sol dans son addition d'étages, et il monta vingt marches encore en s'étonnant, dans sa candeur provinciale, que des êtres humains eussent la bonté de donner, quatre fois par an, beaucoup d'argent à un propriétaire pour dresser une tente au-dessus du vol des oiseaux.

Michel Grabelot, enfin trouvé, reçut Maurice avec cette froideur glaciale que donnent la pluie et l'absence du soleil. Il était assis devant un bon feu, comme en janvier.

— Ah! vous êtes arrivé ce matin? dit-il en montrant un fauteuil à Maurice.

— Oui, avec votre cousin.

— Tiens, c'est drôle! Cyprien avait juré de ne plus remettre les pieds à Paris.

— Mais, reprit Maurice étonné, c'est lui qui me monte la tête depuis trois jours et qui m'a poussé à ce voyage.

—C'est un fou, dit Michel Grabelot; et vous, Maurice, que venez-vous faire à Paris?

— Je viens voir Paris... la capitale de la civilisation et des arts.

— Ah!... on s'ennuie donc bien dans notre canton?

—Oui.

— Pas autant qu'ici. Je suis occupé, moi, de la demande d'un brevet d'invention pour mon semoir mécanique. Voilà un an que je n'avance pas. Tous les matins je fais ma visite à un chef de bureau qui déjeune toujours et que je ne trouve jamais. Enfin, on me fait espérer une réussite prochaine, et, le moment venu, je m'esquive par *express-train*... Croyez-vous, Maurice, que je paye deux mille francs de loyer pour ce trou qu'ils appellent un appartement fraîchement décoré ? Voilà la capitale de la civilisation ! Si elle se civilise davantage, en perchera sur les toits, à cinq cents francs l'ardoise par terme de loyer.

— Mais, reprit Maurice toujours stupéfait, votre cousin Cyprien m'a dit vingt fois que vous étiez enchanté de...

— Allons donc ! interrompit Michel, ils sont tous comme ça ! Ils viennent barboter quinze jours dans la boue de Paris, et en rentrant dans leur village, ils disent qu'ils ont marché sur un pavé d'or ; et les bons enfants comme vous se laissent bercer par ces balivernes et ces contes bleus, et viennent perdre ici leur argent et leur santé.

— Vraiment, dit Maurice, je crois tomber des nues.

— Voyons, parlez-moi un peu de notre cher pays; car Cyprien n'est pas resté cinq minutes avec moi dans son dernier voyage... Dites-moi... quel temps avez-vous là-bas ?

— Un temps superbe. Nous avons trouvé la pluie à Fontainebleau.

— Oui, c'est là que saint Médard la distille... dans la forêt... une superbe forêt ! où les arbres ne sont que des parapluies en été, et des porte-neige en hiver... A-t-on fait la moisson chez nous ?

— Oui, la semaine dernière ; un peu tard cette année.

— Quelle fête charmante, la moisson ! dit Michel ému aux larmes; toutes mes joies d'enfance et de jeunesse sont dans ces souvenirs. On dansait aux étoiles sur les aires ; il y avait de belles demoiselles de la ville mêlées à de fraîches paysannes ; on chantait : *Nous n'irons plus au bois ;* on s'embrassait à chaque refrain; on riait toujours; on aimait tout le monde... Et la fête des vendanges ! en voilà une encore !... avec un soleil doux, un printemps jaune, un air tiède, des chansons folles, des sourires partout... Et les Rogations du mois de mai ! et toutes les fêtes de la campagne et du village ! avec le carillon des cloches, l'encens des fleurs, le chant des jeunes filles, le frissonnement des arbres, le jeu des eaux vives sur les gazons... Tenez, quand on pense à ces fêtes du cœur et du soleil, ici, avec cette pluie et ce feu d'hiver en été, avec ce ciel noir qui descend jusqu'à ma vitre, on se livre à un véritable désespoir ; on éprouve ce qu'éprouverait un mort dans son tombeau, s'il avait la conscience de son état de cadavre, et s'il entendait dans le lointain des mélodies et des voix de jeunes femmes qui chanteraient le printemps, la vie, l'amour et le soleil.

Maurice, toujours plus étonné, regardait son compagnon et l'écoutait avec une sorte d'admiration. Michel Grabelot était un homme jeune, à figure ouverte, au regard fixe et intelligent, et sa parole avait cette onction qui séduit et entraîne les esprits fourvoyés, mais faciles à la conversion.

— Ainsi, mon cher compatriote, lui dit Maurice, si vous aviez votre liberté d'action, vous rentreriez chez vous au plus vite?...

— Plus promptement encore ; jugez-en, mon cher monsieur : si j'obtenais mon brevet aujourd'hui à midi, je serais à une heure à la gare du chemin de fer.

— Vraiment!... Mais vous connaissez très-bien votre Paris?

— Je le connais très-peu et ne me soucie pas de le connaître davantage. Il y a des choses que j'ai vues une seule fois, le Louvre et la colonne Vendôme ; eh bien ! savez-vous ce que j'ai vu mille fois, et ce que je reverrais mille fois encore avec délices? c'est votre jolie ferme, avec sa fontaine mousseuse, son puits sous le figuier, son peuple de pintades, de coqs, de poules et de pigeons. Voilà mon Louvre. Maintenant, voici ce qui vaut mieux pour moi que toutes les colonnes possibles : c'est une tige d'iris qui se balance au bord de votre grand ruisseau de l'usine. Je voudrais regarder toujours cette ferme et cette fleur, ayant ma jeune femme et mes enfants à mon côté. Que voulez-vous, mon jeune ami, je suis un dépravé de la nature, mais je persiste dans ma dépravation.

— Je vous écoute avec le plus grand plaisir, dit Maurice, et vous me donnez vos convictions; mais permettez-moi de vous faire encore une demande.

— Faites; j'ai réponse à tout.

— Si vous aviez une grande fortune et tout ce qu'elle donne, ne changeriez-vous pas d'opinion ?

— Mon jeune ami, je ne puis pas changer de nature, et c'est elle qui fait mon opinion. Vous avez sans doute entendu parler du sauvage Patoveri ?

— Oui, je connais son histoire.

— En voilà un qui avait fait à Paris une fortune incomparable ! reprit Michel. Dans son pays il logeait sous un arbre, il s'habillait avec une feuille de latanier, il dînait avec des coquillages, il buvait de l'eau claire, et il s'exposait tous les jours à être mangé rôti par un cannibale voisin. M. Bougainville le ramasse sur son roc et le conduit à Paris; on l'habille comme un seigneur, on le couche sur l'édredon, on le nourrit d'une cuisine de cour, on le présente au roi à Versailles, on lui loue une loge à l'Opéra : le pauvre sauvage s'ennuyait à la mort; il fermait les yeux devant tous les monuments; un jour il les ouvrit devant un palmier, et il fondit en larmes : ce palmier représentait la patrie absente; il embrassa cet ami et ne voulut plus le quitter. L'exilé du soleil serait mort au pied de cet arbre ; pour lui sauver la vie on l'embarqua et on le renvoya à son archipel du Sud.

— Oui, je comprends ce sauvage, dit Maurice en regardant la pluie qui ruisselait sur les vitres. Les plus malheureux des proscrits sont les exilés du soleil.

— Bien plus ! reprit Michel. N'allons pas chercher des exemples dans l'océan Pacifique; prenons un lazzarone de Naples ou un pêcheur d'Ischia, et installons-le dans l'hôtel de M. de Rothschild, avec douze mille livres de rente, et au bout de quinze jours il redemandera son soleil du Pausilippe, son lit d'algues, son toit d'azur, ses bains de mer, ses jardins d'orangers.

— Je le crois, remarqua Maurice.

— Autre chose, maintenant, reprit Michel. Vous êtes dans la plus grande de toutes les erreurs si vous croyez que les millions servent à amuser le riche à Paris; si vous voulez voir quelque chose de funèbre, c'est une promenade de millionnaires au bois de Boulogne. La calèche armoriée est le véhicule de l'ennui. Les éventails ne servent qu'à voiler les bâillements. L'ennui du riche est la vengeance du pauvre; et, à ce compte, il n'y a pas d'endroit où le pauvre soit mieux vengé qu'à Paris; exceptons Londres, la ville des bâillements éternels et sans éventails.

En disant ces choses, nos deux Méridionaux, dominés par une influence magnétique, exécutèrent un duo de bâillements ornés de trilles. Après la *stretta*, Maurice se leva pour prendre congé de son compatriote, et il sortit non sans l'avoir chaudement remercié de tout ce qu'il avait entendu.

Rentré à l'hôtel, Maurice rencontra le propriétaire dans le vestibule, et ne put s'empêcher de lui dire :

— Mon Dieu ! quel horrible temps il fait dans votre pays !

— Nous en aurons encore pour une huitaine, répondit le maître d'hôtel, le baromètre descend toujours.

Cyprien se levait quand son ami entra dans sa chambre :

— Vraiment ! lui dit Maurice, je ne comprends rien à ton étrange tactique du *Café Bellone !* Quelle rage avais-tu de me faire tous ces contes sur Paris et sur ton cousin Michel Grabelot ! Je n'ai pas encore vu Paris, mais j'ai vu ton cousin, et...

— Aussi, mon cher, interrompit Cyprien, tu prends tout au sérieux, toi. En province, vois-tu, tous ceux qui arrivent de Paris doivent dire tout ce que je t'ai dit. Cela pose un jeune homme dans un café. Remarquais-tu comme ils étaient tous embêtés au *Café Bellone* en m'écoutant ?

— Mais je t'écoutais, moi aussi.

— Tant pis pour toi ! j'ai voulu te donner une leçon. Tu as quitté ta mère ; tu as rompu ton mariage, tu désoles ta famille, pour venir voir des monuments et monter à cheval. Es-tu raisonnable, voyons ?

— Oui, oui, dit Maurice avec mélancolie,

tout ce que je suis venu chercher ici ne vaut pas une larme de ma mère.

— Une larme ! dis-tu ? mais une larme a beaucoup de sœurs. Ta mère a pleuré toute la nuit, elle pleure encore en ce moment, et elle pleurera demain !

— Oh ! non ! s'écria Maurice... Quelle heure est-il ?

— L'heure du départ.

— Partons.

— Je ne demande pas mieux, reprit Cyprien. Écoute, Maurice, lorsque, par ma faute, je t'ai entraîné à quitter ta mère et à oublier ton devoir, je me suis décidé à partir avec toi pour te ramener au plus vite. J'ai donc réparé ma faute, n'est-ce pas ?

— Merci, cher ami.

— As-tu quitté ton fiacre ?

— Non, je l'ai gardé.

— Sonne, le garçon descendra nos bagages... Veux-tu dîner ?

— Oh ! non ! je dînerai à Dijon. Je veux pouvoir dire à une mère ceci : J'ai fait le voyage de Paris pour chercher toutes les rues de Saint-Augustin, me tremper de pluie jusqu'aux os, manger un hareng et me faire chasser par trois portiers. Il faut que ma mère en rie aux larmes ; je lui dois cette compensation.

Le garçon monta, le compte de dépenses fut payé, les bagages furent descendus, et le fiacre prit le chemin de la gare du Midi.

Les chemins de fer rendent service aux promptes et bonnes résolutions; c'est une justice à rendre à la vapeur. Autrefois, quand un mouvement généreux portait un jeune homme à rentrer au sein de sa famille, le préposé aux bureaux des diligences ou des malles-postes arrêtait ce noble élan par ces désolantes paroles : — *Vous n'aurez une place que dans huit jours.* Le jeune homme répondait par un soupir et rentrait à l'hôtel avec l'honorable intention de garder son bon mouvement toute une semaine. Mais l'influence parisienne opérait sur la faiblesse du converti : le lendemain, un ami raillait la détermination généreuse; l'argent du départ s'envolait en équipées folles, et à la fin de la semaine, si le bon sentiment existait encore, l'argent n'existait plus.

Aujourd'hui quelle différence! La vapeur ne

servirait-elle qu'à accélérer les bonnes résolutions du repentir et à sécher plus vite les larmes des mères, il faudrait bénir la vapeur. Il y a place aux wagons pour tous les enfants prodigues, qui s'écrient, comme leur patron de l'Évangile : *Je me lèverai et j'irai*, « *Surgam et ibo.* » Ils se levaient autrefois, mais ils n'allaient pas, il leur manquait toujours une place dans les diligences paresseuses, à la rotonde ou à l'intérieur. Les coupés étaient toujours retenus pour un mois par les voyageurs anglais.

III

Retour

Tout est en joie dans la campagne; l'azur est au ciel, le soleil se lève sur la montagne, les oiseaux chantent sur les arbres; le clocher sonne l'*Angelus* du matin.

Cet horizon de fête encadre un tableau bien triste, un tableau d'intérieur, attendrissant comme le chef-d'œuvre de Gérard Dow exposé au grand salon du Louvre. Au dehors la nature a pris la robe de fête de ses plus beaux jours; au dedans une famille a pris une robe de deuil! Ce contraste est fréquent dans l'histoire de l'humanité.

La mère de Maurice est assise, la tête renversée sur le dossier du fauteuil, comme si cette tête était séparée du corps; Juliette, sa fille, pleure silencieusement dans l'embrasure d'un balcon, entre deux vases de fleurs. L'industriel, M. Cartoux, se promène à grand pas, les bras croisés sur la poitrine, et fait ce monologue saccadé :

— Les femmes ne sont pas raisonnables... Je voudrais bien savoir ce que vous feriez, vous autres, si vous portiez un paletot au lieu d'une crinoline!... On ne verrait que des femmes sur la route de Paris... les hommes garderaient la maison... Nous avons là pour voisine une station diabolique qui accroche tout le monde avec ses wagons... Chaque coup de cloche crie *Paris, Paris, Paris*, à tous les échos... Allez résister à cet appel quand on est jeune, riche, ardent!... Moi, moi, chef d'usine et homme grave, quand j'entends cette cloche de perdition je me retiens, je m'accroche à toutes mes manivelles pour ne pas céder à la tentation!... Et vous autres, et toi, ma femme, et toi, Juliette, croyez-vous n'avoir rien à vous reprocher?

On entendit deux *non* sourds et timides. M. Cartoux poursuivit :

— Non, dites-vous?... eh bien! je dis oui, moi... Vous n'avez que le mot *Paris* à la bouche... vous êtes abonnées à trois journaux de Paris... vous recevez le journal des modes de Paris... vous avez tapissé un boudoir de tous les monuments de Paris... vous chantez les romances de Paris... vous lisez tous les romans de Paris... vous dansez les polkas de Paris... vous vivez à Paris, et non au village de Saint-Anaclet... et si je vous annonçais que je me retire des affaires pour aller vivre de mes rentes à Paris, vous sauteriez de joie comme des enfants devant des joujoux... et après vous vous étonnez qu'un jeune homme de vingt-deux ans, nourri de vos idées, entraîné par vos exemples et libre de sa personne, se jette dans un wagon qui le conduit à la vapeur dans votre paradis terrestre, dans le paradis qu'il rêve depuis le premier éveil de son imagination! Allons, vous n'êtes pas raisonnables, je vous le dis une seconde fois.

— On vous accorderait tout cela, dit Mme Cartoux d'une voix timide et éplorée; mais il y a dans ce départ précipité une faute grave et dont vous ne parlez pas.

— Ah! une faute grave, reprit M. Cartoux, en cherchant au plafond; une faute grave!... je ne la connais pas.

— Oh! les hommes! les hommes! murmura la mère.

— Oh! les femmes! les femmes! reprit Cartoux en parodiant le son de voix de sa femme. Voyons, où est la faute grave?

— Eh bien! reprit Mme Cartoux, ce beau mariage rompu, presque à la veille des noces... Vous excusez cela?

— Bon! voilà une idée de femme! s'écria le mari; auriez-vous mieux aimé qu'il eût rompu le mariage le lendemain des noces, comme M. de Caumont? Le divorce n'est permis qu'avant le mariage, et si le marché n'est pas acceptable, on use de la permission. La veille est faite pour corriger les fautes du lendemain.

— Et on met une jeune fille au désespoir, ajouta Mme Cartoux.

—Bah! je ne crois pas au désespoir des jeunes filles d'aujourd'hui.

— Vous ignorez donc, reprit la femme, tous les bruits calomnieux...

— Des commérages, dites des commérages, madame.

— Mais avec des commérages on tue des réputations.

— Quand les réputations se portent mal.

— Ah! monsieur! je ne l'aurais jamais cru... vous aussi, vous vous faites l'écho de la médisance des oisifs!

— Eh! madame, est-ce que je suis l'inspecteur de la conduite de Mlle Augustine? J'ai trois cents ouvriers à inspecter, cela me suffit.

En ce moment un domestique entra et remit une carte à l'industriel, en disant:

— On demande à parler à monsieur.

Cartoux lut, et dit à haute voix:

— Sidore Bringier, capitaine en retraite.

Et il ajouta:

— Que peut me vouloir ce capitaine, à neuf heures du matin?

—Nous sommes inutiles ici, dit Mme Cartoux; nous sortirons, ma fille et moi, si vous le permettez.

— Non pas, reprit Cartoux; restez : sa visite sera moins longue; le capitaine vient sans doute me recommander un ouvrier, et il est très-bavard dans ses recommandations... Mais reprenez donc un visage riant; il ne faut pas qu'on dise au *Café Bellone* que nous allons périr de désespoir parce que Maurice est allé faire une promenade à Paris.

Le capitaine aurait pu entendre ces derniers mots, car il fut immédiatement introduit.

Il était en grande tenue de bal, tout habillé de noir, cravaté de blanc, ganté de jaune, chaussé de vernis; costume assez étrange à porter en rase campagne, un peu après le lever du soleil.

Son maintien avait une roideur diplomatique. Sa figure gravement solennelle, sa narine orageuse, ses lèvres pincées, son salut froidement poli, n'annonçaient rien de bon, et M⁽ᵐᵉ⁾ Cartoux frissonna sans pouvoir s'expliquer une terreur sans motif.

Un homme habitué aux affaires de la vie aurait aisément deviné qu'il y avait là une de ces démarches auxquelles on fait toujours bien d'accorder quelque solennité. Car il est toujours grave de voir l'honneur des familles en jeu.

La présence inattendue des deux femmes parut déconcerter le capitaine; il s'assit, et chercha péniblement un début de conversation qui n'avait sans doute aucun rapport avec l'objet de sa visite.

— Capitaine, dit M. Cartoux sur un ton affectueux, que venez-vous nous apprendre de beau? je suis très-empressé de connaître ce qui me procure l'honneur et le plaisir d'une visite si matinale.

— Voici... dit le capitaine, au comble de l'embarras. Voici... On m'a nommé vice-président du comité agricole, et j'ai à vous entretenir d'une foule de choses... intéressantes pour vous... Mais pour ces dames... Pardon, mesdames... je sais tout le respect qu'on doit au beau sexe... et les détails d'horticulture... d'acclimatation... de greffe... de croisement... que sais-je? ne sont pas de nature à vous amuser beaucoup...

— Nous comprenons, dit Mme Cartoux, en

se levant... Viens, Juliette, laissons ces messieurs à leur entretien agricole.

Et elle ajouta, en aparté :

— Les femmes ne seront bientôt plus admises que dans les couvents, et encore si on ne les ferme pas tous.

Le capitaine se leva, salua respectueusement les deux femmes qui sortaient, et ayant regardé autour de lui, comme on fait avant une confidence plus secrète, il prit un ton solennel, et dit :

— Ce n'est pas à M. Cartoux l'industriel que je m'adresse, c'est à M. Cartoux chef de bataillon dans la garde nationale et chevalier de la Légion d'honneur.

— C'est la même personne, je crois, dit M. Cartoux.

— Pas tout à fait, reprit le capitaine... Vous allez voir.

— Voyons tout de suite, dit M. Cartoux, sur le ton de l'impatience ; je n'aime pas les préambules : au fait.

— Le fait est grave, reprit le capitaine, et ma mission est pénible. Je viens vous apporter un cartel d'honneur de la part de M. le colonel Ferréol Delombois. Inutile d'entrer dans d'autres explications.

— J'ai insulté M. Delombois! dit Cartoux avec un sourire sérieux. Vraiment, je ne m'en doutais pas.

— Commandant Cartoux, reprit le capitaine, vous êtes solidaire de l'insulte; c'est la même chose. Atteinte grave est portée à l'honneur d'une famille; le coupable est en fuite, un père seul le représente ici. On ne peut s'adresser qu'à lui, il porte une épée.

— Quelle odieuse plaisanterie! s'écria M. Cartoux; mon fils, je le connais, mon fils n'a porté atteinte à l'honneur d'aucune famille; il s'était engagé avec la légèreté de son âge; il s'est dégagé, voilà tout.

— Il paraît alors, reprit le capitaine, que le commandant Cartoux (en appuyant sur le mot *commandant*) n'a pas eu connaissance de tout ce qui a été dit au *Café Bellone*, et...

— Au diable! s'écria Cartoux. A votre *Café Bellone*, il y a une collection de commères habillées en hommes, qui tuent le temps en jouant à la médisance et aux dominos, deux tristes jeux! Si vous aviez tous, comme moi, trois cents ouvriers sur les bras, vous ne vous occuperiez pas du prochain.

— Bref, reprit le capitaine en se levant, finissons-en; je n'ai pas mission de discuter; mon rôle est simple, et se borne à ma première phrase; j'ai eu tort d'aborder les explications... Commandant Cartoux, acceptez-vous ou refusez-vous le cartel du colonel Delombois?

Mme Cartoux, qui écoutait aux portes, fit irruption dans le salon, et embrassant son mari, elle s'écria :

— Mon mari ne se battra pas, monsieur! mon mari n'est pas un oisif: c'est le père de trois cents ouvriers, qui vivent par lui! Vous avez beau l'appeler *commandant*, il ne commande que son usine. Il n'y a plus de garde nationale dans le canton. Mon mari ne se battra pas!

— Si les femmes s'en mêlent, je me retire, dit le capitaine.

— Un instant, un instant, dit M. Cartoux, en se délivrant des étreintes de sa femme; ma femme fait son devoir, je ferai le mien... Ma chère femme, je te prie de rentrer... Ah! bon, voilà Juliette! Mon Dieu! cela ne regarde pas les femmes!... Ce sont des affaires entre hommes... Capitaine, ne sortez pas...

— Il pleure! le capitaine, mon ami... s'écria Mme Cartoux... Oui, oui, vous pleurez... vous ne pouvez pas cacher vos larmes... Une mère, une fille se jettent à vos pieds et vous supplient...

— Voulez-vous donc vous retirer toutes deux! cria M. Cartoux d'une voix stridente; vous ne comprenez rien aux affaires d'honneur; je suis injustement provoqué, oui, injustement, mais je ne reculerai pas! Je ne veux pas qu'on arrache ce ruban rouge de ma boutonnière! je me battrai...

Les deux femmes se laissèrent tomber sur des fauteuils, en étouffant des sanglots.

— Allez dire au colonel, reprit M. Cartoux, que je l'attends de pied ferme.

— C'est lui qui vous attend, dit le capitaine à voix basse... là-bas, dans le massif de tilleuls, et il doit bien s'impatienter... Avez-vous un témoin?

— Je vais prendre mon contre-maître, c'est un vieux soldat... Adieu, ma chère femme, adieu, ma chère Juliette; ne vous désespérez pas; j'aime mieux me battre que de voir battre mon fils.

— Oh! cet abominable Paris! dit la mère en sanglotant; c'est lui qui est cause de tout cela!

— Je vais brûler ses monuments! dit la fille à l'unisson; ils nous ont porté malheur!

— Embrassez-moi, mes anges! dit le père avec tendresse. Ces terribles moments ont leur bon côté; ils nous prouvent que nous aimons bien et que nous sommes aimés.

— Vous êtes un brave! dit le capitaine à Cartoux, en essuyant deux larmes furtives.

La porte s'ouvrit, et un quatuor de cris éclata sur tous les tons.

C'était Maurice!

Le jeune homme disparut bientôt dans trois étreintes de caresses et de bras; le capitaine ressemblait à une statue en frac noir.

La pauvre mère éprouva bientôt, après la joie, une douleur qui faillit la tuer, et qui se comprendra aisément sans trop d'analyse. L'arrivée de son fils amenait une situation nouvelle; ce n'était plus M. Cartoux qui devait se battre, mais bien Maurice. Le cœur d'une mère comprit tout de suite, et le cri de la nature lui imposa un étrange regret; elle aurait voulu voir, en imagination, son fils à mille lieues du village de Saint-Anaclet.

M. Cartoux devina tout de suite cette nouvelle angoisse d'une mère, et ayant embrassé son fils une nouvelle et dernière fois, il lui dit, en riant :

— Je sors un instant avec le capitaine... pour une affaire de... comice agricole...

— Oui, oui, interrompit naïvement la mère... c'est très-urgent... Reste avec nous, Maurice... n'accompagne pas ton père... cela ne te regarde pas, toi... le comice agricole...

— Mais, que diable! s'écria joyeusement Maurice, le comice agricole attendra... Comment! vous n'êtes pas étonnés tous de me revoir le surlendemain de mon départ! Vous ne m'interrogez pas? Vous n'êtes pas curieux de connaître mon voyage?... Vous...

— Oui, oui, interrompit le père, tu nous conteras cela... bientôt... Embrasse-moi encore une fois, mon cher Maurice...

— Laissez-moi vous raconter en deux mots,

interrompit le jeune homme... Vous allez rire, et je m'aperçois que vous en avez besoin... car je ne vois ici que des yeux rouges...

— Adieu, Maurice, dit le père, avec le plus faux des sourires.

— Oh! pour le coup! s'écria Maurice, j'use de mon autorité d'enfant prodigue qui retourne à la maison, et j'ordonne à mon père de m'écouter...

— Au retour, au retour, interrompit le capitaine, qui entraînait M. Cartoux.

— Tiens! fit Maurice, en toisant le capitaine, vous avez arboré la cravate blanche pour le comice agricole! Quelle tenue! vous êtes superbe!

— Il est vice-président... dit la mère... laisse-les partir.

— Au diable votre comice! s'écria Maurice, ils ne partiront pas!

Et courant à la porte, il la ferma à double tour et mit la clef dans une poche de son habit.

La mère étouffa un cri de désespoir, et serra convulsivement la main de Juliette.

— Mais ne savez-vous pas, reprit Maurice,

que j'ai préparé mon récit en wagon, que je l'ai travaillé avec soin, que j'ai fait un chef-d'œuvre, intitulé *Paris et le hareng*, et que j'ai peur d'oublier mon feuilleton, si je le renvoie au prochain numéro... Ainsi, prenez place, messieurs et dames, et écoutez... Mais quelle drôle de mine font tous mes auditeurs!

On entendit une voix dans l'antichambre, et au même instant deux coups appliqués sur la porte firent tressaillir la famille Cartoux, Maurice excepté.

— C'est lui! dit le capitaine à l'oreille de Cartoux. Il a perdu patience... c'est le colonel.

— Qui frappe ainsi? dit Maurice; et, s'approchant de la porte. Il ajouta : Qui demandez-vous?

— Monsieur le commandant Cartoux, répondit la voix extérieure.

— Ce doit être le sergent-major, dit Maurice; il appelle papa commandant.

— N'ouvre pas! dit la mère à voix basse, en se précipitant vers son fils.

— Veut-on bien m'ouvrir? dit la même voix, sur un ton aigre.

— Ça ne peut se refuser, dit Maurice; et il ouvrit la porte lentement.

On vit entrer le colonel Ferréol Delombois; il avait préparé sans doute une courte, mais énergique harangue, qu'il allait prononcer gravement, lorsque Maurice lui sauta au col, en s'écriant :

— Ah ! mon cher beau-père ! c'est vous ! Me voilà de retour de Paris, après six heures de séjour ! j'en ai assez, six heures de vie de garçon ! ma jeunesse est faite, je viens me marier. Vous avez fait la vie de garçon, vous, cher beau-père ? vous ne seriez pas colonel sans ça. Et la vôtre a duré plus de six heures. Moi, dans la mienne, j'ai pris un rhume de pluie, j'ai mangé un hareng, et j'ai vécu avec trois portiers. Aussi quel bon ménage nous allons faire avec Augustine ! j'ai commencé la vie par des extravagances, je la finirai par la sagesse, grâce à deux nouveaux patrons que Paris m'a donnés, saint Augustin et saint Médard... Mais avec quel air vous m'écoutez tous !... vous avez tous un visage qui ne vous ressemble pas !... Moi je suis fou, mais fou de bonheur !... je ne sais plus ce que je dis... Ma bonne mère, je veux encore vous embrasser; il me semble que je perds mon temps quand je ne vous embrasse pas. Tiens! elle est jalouse, Juliette! Je t'aime toi aussi; une sœur est une mère plus jeune; c'est notre mère cadette... Enfin, ils se sont décidés à rire, ces hommes sérieux comme des papes! Oui, vous avez ri du bout du nez, colonel!... Vous déjeunerez avec nous, je vous servirai du veau gras, et vous chanterez la chanson des zouaves au dessert... c'est que, oui, je crois comprendre... Le colonel a cru que j'allais me faire Parisien et planter là mon mariage... les zouaves n'en font pas d'autres, eux! Moi, j'ai eu un transport au cerveau, voilà tout. Une fièvre de six heures, guérie par saint Augustin et saint Médard, deux médecins de la faculté de Paris. Voici mon histoire, écoutez et profitez de ma leçon, jeunes et vieux.

Tout cela fut dit avec une volubilité qui supprimait les interruptions, et avec la grâce enfantine de la première jeunesse. Les larmes et les sourires se croisaient sur les visages de tous les auditeurs.

Alors Maurice raconta, dans tous ses détails,

et avec une gravité comique, son voyage de Paris.

Il termina son récit par ces paroles :

— Voici le seul souvenir que je rapporte de ma visite à Paris. J'ai entendu partout chanter et fredonner une chose et un air qui n'existent pas et qu'on appelle les *Bottes de Bastien.* A mon retour, en wagon, j'ai questionné un voyageur grave qui m'a répondu : — Jeune homme, toutes les années une épouvantable bêtise, nommée *Ohé! les petits agneaux*, ou le *Sire de Framboisy*, ou les *Bottes de Bastien*, sort d'une officine inconnue ; aussitôt la capitale des arts, de la civilisation et de l'esprit s'empare de cette stupidité colossale, et la chante sur tous les tons, l'accompagne au piano, la danse en quadrille et avec un acharnement, un bonheur, une frénésie dont les fous de Charenton ne peuvent donner une idée, eux qui passent leur vie à répéter une phrase ou un mot. Jeunes, vieux, riches, pauvres, artisans, oisifs, roturiers, gentilhommes, Chaussée-d'Antin, noble faubourg, propriétaires, portiers, tous émerveillés de cette ineptie gigantesque, de cette niaiserie monumentale, la fredonnent, la chantent, la caressent, la commentent à toute heure, à tout instant, du soir au matin, à la promenade, à table, au lit, en voiture, partout. C'est une épidémie de bêtise qui attaque les nerfs des provinciaux, à tel point que j'ai pris le chemin de fer pour entendre chanter les oiseaux sur toute la ligne, et guérir la maladie de mes oreilles. Ces innombrables et frénétiques admirateurs des *Petits agneaux*, des *Bottes de Bastien* et de toutes les futures atrocités du même genre, ne connaissent pas les trois premières notes de la prière de *Moïse*, ni trois mesures du *Comte Ory*... Et maintenant, cher colonel, beau-père, à quand mon mariage? je suis pressé de me marier.

Le colonel se leva et embrassa Maurice, en le nommant son gendre.

L'*Angelus* de midi sonnait au cocher du village.

— Voilà une voix que j'aime, dit Maurice ému aux larmes; quand je suis parti, ce clocher m'a fait ses adieux, et j'ai gardé cette voix amie dans mon oreille; elle m'a toujours parlé pendant mon voyage; elle a voulu me retenir à mon départ; elle m'a conseillé le retour.

— Colonel, dit le père Cartoux, mon fils vous a invité à déjeuner, et moi j'invite votre femme et votre fille.

— Oui, dit Maurice en battant des mains, ce sera un déjeuner de noces; colonel, je vous accorde un congé d'un quart d'heure; allez porter l'invitation à ma belle-mère et à ma femme.

— Ce diable d'enfant! dit le colonel entre deux larmes; il nous tue et nous ressuscite!

Il serra la main de M. Cartoux et lui dit à l'oreille : « Et pas un mot de ce qui s'est passé. Notre fils n'en saura jamais rien. »

Le capitaine allait sortir avec le colonel et remettait ses gants, lorsque Maurice, qui ne cessait d'embrasser sa mère, s'aperçut de ce mouvement de retraite, et l'arrêta en lui disant :

— Capitaine, vous mangerez du veau gras aussi, vous; le comice agricole ne sera pas présidé, tant pis! vous aurez fait des frais de toilette pour mon déjeuner de noces.

Le capitaine accepta l'invitation avec un enthousiasme contenu.

— Après le déjeuner, capitaine, reprit Maurice, nous vous rendrons à vos habitudes. Je vais devenir, moi aussi, un habitué du café Bellone... Non, je ne plaisante pas; tenez, je vous le jure sur l'honneur, dans mes six heures de Paris, j'ai pensé au moins six fois au café Bellone, et je ne sais pourquoi ce souvenir m'a ému.

— On ne s'y amuse pas trop, cependant, remarqua le capitaine d'un air modeste.

— Eh bien! je crois au contraire qu'on s'y amuse énormément, depuis que j'ai vu deux portiers jouant au piquet dans une cage grande comme un guéridon, humide comme une cave, sombre comme minuit. Il y a trente mille de ces cages à Paris, et on y chante les *Bottes de Bastien.*

— De mon temps, reprit le capitaine, on y chantait autre chose...

— Ah! voyons les *Bottes de Bastien* de votre temps! interrompit Maurice.

— Eh bien! non, jeune homme; dans les salons, dans les mansardes, dans les greniers, dans les caves, dans les rues, sur les toits, partout enfin où s'ouvrait une bouche, on y chantait :

> C'est l'amour,
> Qui fait le monde
> A la ronde.

Moi, j'étais, à cette époque, sergent-major dans le 37ᵉ de ligne, et tous les matins, à la caserne de Babylone, le régiment se réveillait en chantant ce gai refrain. La garnison de Paris fit chorus, et le général Despinois, voyant que ce chœur général pouvait efféminer la discipline militaire, défendit la chanson dans un ordre du jour du 11 décembre 1820. La garnison murmura, mais se soumit. On se contenta de chanter le refrain en pantomime, jusqu'à la guerre d'Espagne en 1823. Alors Paris inventa un autre gai refrain sur le général Mina, qui *passa la Bidassoa en habit de soie...* Vous comprenez le jeu de mots ?

— Oui, il est encore gentil ce gai refrain ! dit Maurice

— Ah ! c'était un beau temps ! reprit le capitaine.

— Parbleu ! je le crois bien ! vous aviez vingt ans, remarqua Maurice.

— Non, l'âge n'y fait rien, jeune homme.

— Il fait tout, capitaine.

— Vous n'avez pas connu le Palais-Royal de 1823, vous, monsieur Maurice.

— Je ne connais même pas le Palais-Royal de 1859.

— Oh ! quelle différence ! reprit le capitaine avec enthousiasme, il y avait des galeries de bois, c'était superbe !

— Des galeries de bois !

— Oui, jeune homme, des galeries de bois éclairées à l'huile, avec le libraire Ladvocat qui exposait les bustes de lord Byron et de Walter Scott dans sa boutique. On a démoli tout cela en 1830 !

— Voyez le malheur !

— C'est dans ce même temps, reprit le capitaine, qu'un industriel inventa les chaînes de sûreté pour les montres, parce que les provinciaux étaient presque toujours volés au passage du Perron, quand ils allaient *faire queue*, à midi, au Théâtre-Français, pour voir Talma dans *Manlius*.

C'est moi qui, décevant leur attente frivole,
Renversai les Gaulois du haut du Capitole,

Nous avons vu et entendu cela, nous!

Le capitaine prit une pose de fierté, à ces derniers mots.

— Eh bien! franchement, dit Maurice, en serrant la main du capitaine, si mon ami Cyprien n'avait eu que des histoires parisiennes à me conter, il ne m'aurait pas enlevé à ma famille l'autre jour.

Un bruit de pas dans le corridor suspendit l'entretien.

Il faut renoncer à dépeindre l'allégresse des deux familles, lorsque le colonel rentra avec sa femme et sa fille. Les larmes de la tristesse n'avaient pas heureusement épuisé les larmes de la joie. Après les premières effusions données à la tendresse, on se mit à table pour le déjeuner de noces.

— Êtes-vous content de cette journée? demanda Maurice au colonel.

— J'en suis ravi, mon fils.

— Eh bien! reprit Maurice, elle durera toujours.

Cette histoire est un chapitre isolé de toutes les perturbations que la renommée de Paris apporte dans les heureuses et calmes familles de province. Un vers est resté au fond de tous les souvenirs, un vers transmis par tradition et qui menace de devenir éternel comme tous les proverbes menteurs :

On ne vit qu'à Paris, et l'on végète ailleurs.

Il serait temps de le remplacer par celui-ci :

On s'agite à Paris, et l'on ne vit qu'ailleurs.

Au moment où Paris se double, et prend pour enceinte d'octroi les remparts de Louis-Philippe, il serait peut-être utile de prémunir plus que jamais les jeunes imaginations de province contre les dithyrambes des commis voyageurs et les fanfaronnades des Lovelaces des départements. Paris, comme Rome sous Aurélien, sera bientôt une planète à part, inconnue de M. Le Verrier, habitée par trois millions d'âmes, et sa force d'attraction doit augmenter en raison de sa nouvelle étendue. Les chemins de fer lui apporteront les villes lointaines; les embranchements fouilleront les plus obscurs villages. La carte de France pourra prendre ce titre : *Carte des rues de Paris.* Il ne restera plus qu'un remède aux folies des émigrations provinciales:

L'ombre douce du clocher natal.

FIN

TABLE

A Alexandre Dumas 1
CHAPITRE Ier. — Coup d'œil général. 23
CHAPITRE II. — Le désert et l'oasis. 66
CHAPITRE III. — Le chasseur marseillais. . . . 93
CHAPITRE IV. — Digressions. 125
CHAPITRE V. — Heur et malheurs. 153
CAAPITRE VI. — Reminiscences. 176
CHAPITRE VII. — Excursions. 210

EN PROVINCE

I. — Au café Bellone. 237
II. — A Paris 263
III. — Retour. 283

www.ingramcontent.com/pod-product-compliance
Lightning Source LLC
Chambersburg PA
CBHW071516160426
43196CB00010B/1540